人生を動かす
賢者の名言

池田書店

はじめに

人間は、時代や環境に関係なく、
同じようなことで悩んだり、怒ったり、悲しんだりしている。
古代ギリシアの哲学者も、アメリカンドリームをつかんだ実業家も、
オリンピックで栄光の金メダルをつかんだ人も、
なにごともなく順調に夢を叶えたわけではない。
賢人たちの言葉をひもとけば、
彼らがいかに自分自身と向き合い、
問題を乗り越えてきたかが垣間見える。
また、その中には、あなた自身の生き方のヒントも詰まっている。
本書では、賢者の名言を悩みや目標に合わせて7つのカテゴリーに分類。
同じ問題でも、賢者によって、導かれる結果は異なる。
なかには正反対のものもあるが、どちらが正しいというものではない。
あなた自身が心惹かれる言葉があったら、
それこそが、今あなたの人生に必要な養分といえるだろう。

CONTENTS

本書で取り上げた名言について

・作品の一部から抜粋、または途中の一部を省略している場合があります。中略の場合は「……」で表現しています。

・句読点を足したり、旧仮名づかいを現代仮名づかいに変更したりしています。

・小説などからの引用の場合、登場人物名ではなく、作家名を明記しています。ただし、漫画やアニメの場合、そのセリフの発言者を紹介しています。

・肩書きの国名については、当時の国名のままのものと、現在の国名に置き換えたものがあります。また、出身地と活動拠点が異なる場合もあります。

参考文献

『種の起源』チャールズ・ダーウィン、八杉龍一訳、岩波書店／『世阿弥』今泉淑夫、吉川弘文館／『日本の名著10 世阿弥』世阿弥、山崎正和編、中央公論新社／『従業員をやる気にさせる7つのカギ』稲盛和夫、日本経済新聞出版社／『人を生かす』稲盛和夫、日本経済新聞出版社／『孫子』孫子、金谷治訳注、岩波書店／『ネクスト・ソサエティ』P・F・ドラッカー、ダイヤモンド社／『イノベーションと企業家精神』P・F・ドラッカー、上田惇生訳、ダイヤモンド社／『大日本古文書 家わけ第8ノ1毛利家文書』東京大学史料編纂所、東京大学出版会／『名将言行録』岡谷繁実、岩波書店／『バフェットからの手紙』ローレンス・A・カニンガム、パンローリング／『W・S・クラークその栄光と挫折』ジョン・エム・マキ、高久眞一訳、北海道大学出版会／『ローマ帝国衰亡史』エドワード・ギボン、中野好夫訳、筑摩書房／『哲学の歴史』岩波書店／『スティーブ・ジョブズ全発言』桑原晃弥、PHP研究所／『ナイチンゲール心に効く言葉』ナイチンゲール、ハーパー保子訳、サンマーク出版編集部編、サンマーク出版／『ユダヤの商法』藤田田、ベストセラーズ／『勝てば官軍』藤田田、ベストセラーズ／『史記』司馬遷、小竹文夫他訳、筑摩書房／『現代中国文学』魯迅他、河出書房新社／『科学入門名著全集』板倉聖宣選、国土社／『完本カリスマ』佐野眞一、筑摩書房／『王貞治―回想―』王貞治、日本図書センター／『新潮世界文学』ヘミングウェイ、大久保康雄訳、新潮社／『チャップリン自伝』チャップリン、中野好夫訳、新潮社／『チャップリン』デイヴィッド・ロビンソン、宮本高晴他訳、文藝春秋／『ビル・ゲイツ未来を語る』ビル・ゲイツ、西和彦訳／『ビル・ゲイツ立ち止まったらおしまいだ!』ジャネット・ロウ、中川美和子訳、ダイヤモンド社／『ニーチェ全集』ニーチェ、筑摩書房／『日本電産永守イズムの挑戦』日本経済新聞社編、日本経済新聞出版社／『学問のすゝめ』福沢諭吉、岩波書店／『革命戦争回顧録』チェ・ゲバラ、平岡緑訳、中央公論新社／『パンセ』パスカル、塩川徹也訳、岩波書店／『甲陽軍鑑』磯貝正義、服部治則、新人物往来社／『武田史料集』清水茂夫、服部治則、新人物往来社／『道をひらく』松下幸之助、PHP研究所／『同行二人 松下幸之助と歩む旅』北康利、PHP研究所／『ジャック・ウェルチ わが経営』ジャック・ウェルチ、日本経済新聞社／『夢を力に』本田宗一郎、日本経済新聞社／『人を動かす』D・カーネギー、山口博訳、創元社／『鈴木敏文語録』緒方知行編、祥伝社／『ブッダの真理のことば・感興のことば』中村元訳、岩波書店／『カーネギー自伝』アンドリュー・カーネギー、坂西志保訳、中央公論新社／『なぜ、努力してるのに成功できないか』松本幸夫、パンローリング／『シドニ詩集―アストロフェルとステラ』中田修訳、東京教学社／『小説家の休暇』三島由紀夫、新潮社／『ひとりでも生きられる』瀬戸内寂聴、集英社／『オードリー・ヘップバーン物語』バリー・パリス、永井淳訳、集英社／『エミール』ルソー、今野一雄訳、岩波書店／『人魚姫・裸の王様』寺山修司、マガジンハウス／『自動車王フォードが語るエジソン成功の法則』ヘンリー・フォード、鈴木雄一訳、言視舎／『合本私、プロレスの味方です』村松友視、筑摩書房／『ファン・ゴッホ詳伝』二見史郎、みすず書房／『ファン・ゴッホの手紙』ゴッホ、二見史郎他訳、みすず書房／『手塚治虫ランド』手塚治虫、大和書房／『ぼくはマンガ家』手塚治虫、大和書房／『ドストエフスキー全集』新潮社／『マザーテレサ』和田町子、清水書院／『宮城の郷土史』仙台市民図書館編、宝文堂／『国史大系徳川実記』吉川弘文館／『家康の手紙』桑田忠親、文藝春秋／『金鯱叢書』思文閣／『パンドラの匣（正義と微笑）』太宰治、新潮社／『なめくじ艦隊』古今亭志ん生、筑摩書房／『ジョン・レノンPLAYBOYインタビュー』PLAYBOY編集部編、集英社／『座右の銘 意義ある人生のために』里文出版／『必ず出会える！ 人生を変える言葉2000』西東社／『仕事観が変わる！ ビジネス名言550』西東社／『世界名言集』岩波文庫編集部編、岩波書店／『ギリシア・ローマ名言集』柳沼重剛編、岩波書店

本書の編集にあたり、上記以外にもさまざまな書籍、雑誌、新聞、ホームページ などを参考とさせていただきました。本文に明記した出典については、コラムなどで参考にしたものを除き、省略させていただきました。出典については、可能な限りそれぞれの名言に明記しましたが、ほかの作品などでも一部異なる表現で紹介されている場合があります。翻訳された名言については、原文とともに複数の書籍などを参考に、わかりやすく表現したものもあります。

第1章 目標を達成するためには

しっかりした目標はあるのに、
最後までやり遂げる持続力がなかったり、
心が折れそうになったり……。
夢への原動力となる
賢者の経験に基づく教訓や応援メッセージを紹介。

一念発起は誰でもする。
努力までならみんなする。
そこから一歩抜き出るためには、
努力の上に辛抱という棒を立てろ。
この棒に花が咲く。

桂 小金治　落語家

希望の実現が
遅れているからといって、
神に否定されたと
考えてはいけない。
耐えて、耐えて、耐えて、
耐え抜きなさい。
天才とは忍耐できる者の
ことなのです。

ビュフォン
フランスの博物学者、数学者、植物学者

井戸を掘るなら
水の湧くまで掘れ。

石川理紀之助
篤農家

自分は意志が弱い。
その弱さを克服するには、
自分を引き下がれない状況に
追い込むことだ。

植村直己
冒険家

自分が出したアイデアを、
少なくとも1回は
人に笑われるようでなければ、
独創的な発想を
しているとは言えない。

ビル・ゲイツ
アメリカの実業家、マイクロソフト共同創業者

すぐに人から〝いいね!〟と言われるようなアイデアは、周囲の理解の範囲内の内容であり、誰もが容易に思いつくものだ。披露したアイデアが人から笑われるのは、周囲の人が考えつかないような突飛な内容だからであり、それこそが〝独創的〟な発想であることの証といえるだろう。

できないのは
能力の限界だからではない。
執念が欠如しているのだ。

土光敏夫
実業家、元経団連会長／
『新訂・経営の行動指針』（産業能率大学出版部）

一切の気取りと、
背伸びと、山気を捨て、
自分はこれだけの者、
という気持ちでやろう。

尾崎一雄
作家

苦しかったらやめればいい、
無理をしてはならない。
無理をしないといけないのは
レベルが低い証拠。
真剣に生きる人ほど
無理はしない。
無理をしないというのは
消極的な意味ではない。
願いはするが無理はしない。
努力はしても天命に従う。
これが疲れないコツである。

松下幸之助
パナソニック創業者、発明家、著述家

自分で薪《まき》を割れ、
二重に温まる。

ヘンリー・フォード
アメリカの実業家、フォード・モーター創設者

負けると思えば負ける、
勝つと思えば勝つ。

豊臣秀吉
戦国武将

すべての仕事について、
まったくしなかったならば
何が起こるかを考える。
何も起こらないが
答えであるならば、
その仕事は
直ちにやめるべきである。

ピーター・ドラッカー
アメリカの経営学者

プロフェッショナルは勤勉であれ

1日練習しなければ
自分に分かる。
2日練習しなければ
批評家に分かる。
3日練習しなければ
聴衆に分かる。

アルフレッド・コルトー
フランスのピアニスト

コルトーは20世紀前半を代表するピアニストで指揮者としても活躍。万人を感動させる技は、たゆまぬ研鑽により維持・向上され、大輪の花を咲かせる。それを怠れば、わずか数日で花はしぼむ。どんな世界であれ、名人や達人と呼ばれる人は、己の仕事に謙虚であり、名声にあぐらをかくことはないのである。

石川理紀之助（いしかわ・りきのすけ） 明治の農業改良家。秋田県庁で勧業行政を担当し、産米やイネの品種改良に尽力。農談会や種苗交換会を開いて技術普及にあたった。

まず世界一の目標を掲げる

「楽観的に構想し、悲観的に計画し、楽観的に実行する」ことが物事を成就させ、思いを現実に変えるのに必要なのです。

稲盛和夫
実業家、京セラ・第二電電創業者／『生き方』（サンマーク出版）

何か新しいことを始めるときは、夢と希望を持って大きな目標をつくりたい。稲盛は27歳で京セラを設立したとき「今は中小零細だが町一番の会社にしよう。そうなったら区一番、京都で一番を目指し、さらに日本一、世界一の会社にしよう」と社員に大風呂敷を広げた。叶える方法を見いださねば夢はただの絵空事だ。そこで朝礼、会議、飲み会とあらゆる機会をとらえ部下と徹底的に話し合い、全員を巻き込んで目標に向けた具体的なプランを練り上げた。水も漏らさぬ計画が策定できれば、あとは一致団結してまい進するだけ。京セラ躍進の背景がこれだ。大きな夢、具体的な道筋、大胆な実行は不可分の関係にあったのだ。

世の中には、「未常識」が溢れている。だから、常識をちょっと疑ってみよう。……人が人と出会って変わるように、人は「未常識」と出会って、変わる。

浜口隆則 経営者／『仕事は味方』（かんき出版）

学問は脳、仕事は腕、身を動かすは足である。しかしいやしくも大成を期せんには、先ずこれらすべてを統《す》ぶる意志の大なる力がいる、これは勇気である。

大隈重信
佐賀藩士、第8・17代内閣総理大臣、早稲田大学創設者

人生は短く、
術（芸術）のみちは長い、
機会は逸しやすく、
試み（経験）は
失敗すること多く、
判断は難しい。

ヒポクラテス
古代ギリシアの医師

学びて思わざれば、
すなわち罔《くら》し、
思いて学ばざれば、
すなわち殆《あやう》し。

孔子
古代中国の思想家、儒家の始祖／『論語』

本を読んで学ぶだけで、自分自身でその内容を深く考えることをしなければ、物事の道理は身につかず、学んでも何の役にも立たない。また、逆に思いをめぐらすのみで、本を読んで他の考えを学ばなければ、独善的になり危険だ。

人の苦労なんて、
いくら聞かされたって
成長しない。
自分で苦労しろ。

瀬戸雄三
実業家

先延ばしにする
癖のある人は、
人生を漫然と過ごして
失敗する。

アンドリュー・カーネギー
アメリカの鉄鋼王、カーネギー鉄鋼会社創業者

失敗して、泥の中に転んだって、
起き上がればいいだけである。
恐れる必要など、どこにもない。

ラルフ・ウォルドー・エマーソン　アメリカの思想家、作家、詩人

ヒポクラテス　前5～前4世紀の古代ギリシアの医師。解剖学、婦人や小児の病気、食餌療法や薬物療法、外科などを扱った60～70巻に及ぶ全集を残し、科学的医学の基礎を築いた。

チャンスというものは、掴み取るだけで成功とは限りません。私はチャンスを失ってどん底を知り、回り道をしたおかげで、人間的に成長できたように思います。

フジ子・ヘミング　ピアニスト／『フジ子・ヘミングの「魂のことば」』（清流出版）

歩け、歩け。続けることの大切さ。

伊能忠敬
江戸時代の測量家、商人

与えられた仕事のなかで、自分は何ができるかを考え、答えを見つけたら実行する。その繰り返しが、いつの間にか力を貯えることになり、隠れていた自分の才能が目覚めていく。

斎藤茂太
精神科医、著述家／『人生を変えた感謝の名言』（日本文芸社）

待っているだけの人たちにも何かが起こるかもしれないが、それは努力した人たちの残り物だけである。

エイブラハム・リンカーン
アメリカの第16代大統領

豊かな発想は好奇心から

子供のように、いつも「なぜ？」と疑問を発しなさい。

安藤百福
日清食品創業者／『転んでもただでは起きるな！』（中央公論新社）

空はなぜ青い？　鳥はなぜ飛べる？　子供たちは世界が不思議で仕方ないのだ。これが大人になると分別もついて「なぜ」と思う気持ちをなくす。それは、知的好奇心を失うことと同じだ。あの日あの時の無垢な感性を忘れてはならない。チキンラーメンのような革新的商品は、そうした豊かな想像力、発想力から生まれたのだ。

天は自ら助くる者を助く。

サミュエル・スマイルズ

イギリスの作家、医師／『自助論』（三笠書房）

『自助論』の序文中の格言。自ら努力する者にのみ、天（神）は味方する。神頼みだけではダメということ。もともとは西洋のことわざで、アメリカ建国の父といわれるベンジャミン・フランクリンも、さまざまな格言を盛り込んだ日めくりカレンダー『貧しいリチャードの暦』で引用している。

人間の能力は、いまだにその限界が知られていない。人間に何ができるか、先例から判断することもできない。人間の試みてきたことは、あまりにも少ないから。

ヘンリー・デイヴィッド・ソロー

アメリカの作家、詩人、思想家、博物学者

いわゆる頭のいい人は、言わば足の早い旅人のようなものである。人より先に人のまだ行かない所へ行き着くこともできる代わりに、途中の道ばたあるいはちょっとしたわき道にある肝心なものを見落とす恐れがある。

寺田寅彦

物理学者、随筆家、俳人／『科学者とあたま』（『寺田寅彦随筆集　第四巻』岩波文庫）

昨日倒れたのなら、今日立ち上がればいい。

ハーバート・ジョージ・ウェルズ　イギリスの作家、社会活動家、歴史家

チャンスは、準備のない者には微笑まない。

ルイ・パスツール

フランスの細菌学者

「幸運は用意された心のみに宿る」など、さまざまな日本語訳がある。

人間は、ときには間違いを犯しながらも、足をのばして、つまずきながらも前進する。

ジョン・スタインベック

アメリカの作家／『怒りの葡萄』

伊能忠敬（いのう・ただたか）　江戸時代中期の地理学者、測量家。測量方役人として蝦夷地をはじめ、日本全国をひたすら歩いて測量。約17年の実測をもとに、日本初の実測地図を作製した。

登山の喜びは、
山頂に達したときに
頂点となる。
しかし、私にとって、
いちばんの楽しみは
険しい山脈をよじ登って
いるときである。
険しければ険しいほど、
心臓は高鳴り、
勇気は鼓舞される。

フリードリヒ・ニーチェ　ドイツの哲学者

失敗は一度で充分、
などと考えるのは、
現実的のようで
非現実的である。
人間がものごとを
成就するには、
一度はおろか、
二度、三度の失敗では
充分ではない。
何度も何度も
くりかえして、
ようやくプラスを
つかむことができる。

外山滋比古　言語学者／『失敗談』（東京書籍）

人生は
道路のようなものだ。
いちばんの近道は、
たいてい
いちばん悪い道だ。

フランシス・ベーコン
イギリスの哲学者、神学者、法学者

常に大きな視野を持ち、
自分ができることより
さらに高い目標を持ちなさい。
競争相手や先駆者に
優ろうと思うだけでは
だめです。
あなた自身を超えるよう
努力するのです。

ウィリアム・フォークナー
アメリカの作家

チャンスは貯蓄できない。

樋口廣太郎
実業家

長い間、海岸を見失うだけの
覚悟がなければ、
新大陸を
発見することはできない。

アンドレ・ジッド
フランスの作家（ノーベル文学賞）

前進できぬ駒はない。

中原 誠
プロ棋士／『将棋棋士の名言100
勝負師たちの覚悟・戦略・思考』（出版芸術社）

独創への挑戦は
リスクが大きいと
思われているが、
実は逆で
人真似ほどリスクは大きい。

林原 健
林原グループ代表／
『独創を貫く経営 私の履歴書』（日本経済新聞社）

人類史上の進歩のほとんどは、
不可能を受け入れなかった
人々によって達成された。

ビル・ゲイツ　アメリカの実業家、マイクロソフト共同創業者

無知を恐れるな、
偽りの知識を恐れよ。

ブレーズ・パスカル
フランスの哲学者、物理学者、数学者、神学者

己自身と闘うことこそ
もっとも困難な闘いであり、
己自身に打ち克つことこそ
もっともすばらしい
勝利である。

ローガウ
ドイツの詩人／『ドイツの格言詩』

志を持て、そして気力を養え。ただしそれだけでは学者にすぎない。旺盛な行動力を持って行動せよ。

吉田松陰　幕末の思想家、長州藩士

己の行く道は
間違ってはいない。
むろん苦険道であるから
時々へたばるときがある。
けれども己は
歩兵のように進む。

斎藤茂吉　歌人

企画とは、
記憶の複合でしかない。
日常でさまざまに感じたこと、
面白いと思ったことが、
ある日、
さまざまに組み合わさって、
企画が生まれていく。
だからこそ、
いろんな経験が大切になるし、
それをきちんと
記憶していくことが
大切になる。

おちまさと　プロデューサー／『プロ論。』(徳間書店)

人間は、
すべての可能性を
自分の内に備えている。

レフ・トルストイ　ロシアの作家、思想家

仕事の成功は「三方よし」が鍵

**売り手よし
買い手よし
世間よし**

近江商人

近江商人は近世に行商や全国出店で多くの者が成功し、巨万の富を得た。売り手・買い手の両方がＷｉｎ-Ｗｉｎであること。またビジネスが社会貢献に結びついていること。この「三方よし」の精神が彼らの必勝哲学である。儲けられているか。消費者を満足させているか。社会に役立っているか。利潤追求の一辺倒では成功はない。

ブレーズ・パスカル　17世紀のフランスで誕生。16歳で「パスカルの定理」を発見するなど、早熟の天才といわれたが若くして死去。「人間は考える葦である」の名言でも知られる。

ほとんどの人が
目標もないのに
毎日どっちの方向に
行っていいのか分からずに
努力している。
これは無駄です。
自分で決めてもいいし、
周囲から教えてもらってもいい。
これだという方向を
決めて取り組む。
継続して取り組むことです。

柳井《やない》 正《ただし》
実業家、ファーストリテイリングCEO／『プロ論。』(徳間書店)

一日だけ生きればいい。
明日、明後日のことを
考えるから面倒になる。

水上 勉
作家

いままでに、いったいどれだけ走ったか。
残すはたった42キロ。

高橋尚子　元マラソン選手(五輪・金メダリスト)

私は若いころ、
10のことを試しても
9つがうまくいかないことが
わかった。
そこで10倍努力した。

バーナード・ショー
アイルランドの作家(ノーベル文学賞)、政治家、教育家

春の種を下さずんば、
秋の実いかに獲ん。

空海
真言宗開祖／『秘蔵宝鑰《ほうやく》』

仏法を学ぶため、苦労して唐（中国）に渡った空海の言葉。春に種を蒔かなければ、秋に実を穫ることはできないと、努力の大切さを説いている。

天才とは、
ひとつの問題に
深く没頭した結果、
生まれるものなのだ。

ビュフォン
フランスの博物学者、数学者、植物学者

別の列に移動すると、
もといた列のほうが
早く動きだす。

「マーフィーの法則」

「マーフィーの法則」は、アメリカ空軍から広がった経験則で、空軍少佐のマーフィーという人物の名に由来する。要領よく立ち回ったつもりが、かえって遠回りになることも多い。目標達成の秘訣は、やはり忍耐といえるだろう。

歳月を費やして作り上げたものが、一晩で壊されてしまうことになるかもしれません。それでも作り続けなさい。

マザー・テレサ　カトリック教会の聖人、修道女（ノーベル平和賞）

人間の叡智に限界はない

ほとんどすべての人間は、もうこれ以上アイデアを考えるのは不可能だというところまで行きつき、そこでやる気をなくしてしまう。いよいよこれからだというのに。

トーマス・アルバ・エジソン　アメリカの発明家

発明王エジソンは生涯を発明研究に捧げ、睡眠時間は1日3〜4時間だった。誰もがエジソンにはなれないが、あくなき探求姿勢は見習うべきだろう。ほとんどの人があきらめるその彼方には、大いなる可能性がある。だからこそ人類は目覚ましい進歩を遂げてきた。今一度たなざらしのプランを見直してみよう。

学校の成績と、仕事での数字の最大の違いそれは、学校では70点をとれば落第しませんが、仕事では常に100点を目指さなければなりません。1点足りない99点では、失敗というケースが往々にしてあります。それは、ほんの1か所のチェック漏れが大事故やリコールまで発展する可能性があるからです。ですから100%を目指し、ギリギリまで粘る心の強さは、仕事のプロとしての第一条件です。

長谷川和廣　コンサルタント

ビュフォン　法律、のちに医学、植物学、数学を学び、パリの王立植物園の園長に任命される。自然科学における経験的基礎の重要性を説いた人物で、著書『博物誌』で知られる。

「好きの力」を信じる。

水木しげる
漫画家／『水木サンの幸福論』(角川文庫)

時計の針は元には戻らない。
だが、自らの手で
進めることはできる。

碇《いかり》ゲンドウのセリフ
アニメ『新世紀エヴァンゲリオン』

上り続けていく間に、
僕には
自分の人生全体が見えた。
それは単純なことだった。
僕の人生は
長くつらい上り坂を
上るためにある。

ランス・アームストロング
アメリカの元プロロードレーサー／『ただマイヨ・ジョーヌのためでなく』(講談社)

「もうだめだ」と思った次の瞬間に
「もう一歩！」と踏ん張る「耐える精神力」が、
何者にも負けない、打ち勝つ力を養う。

大鵬　第48代横綱

少しずつ
目標を高いところにおいて、
徐々に上がっていければ
いいんじゃないかと思います。

錦織 圭
プロテニス選手

ローマは一日して成らず。

ミゲル・デ・セルバンテス
スペインの作家／『ドン・キホーテ』

ヨーロッパ人の精神的な故郷はローマにあり、その偉大なローマも、大帝国になるのに何世紀もかかっている。つまり、努力なくして偉業は達成されないということを意味している。

苦しさを避けてはいけない。
苦しさに
自分から歩み寄ることだ。
自分から歩み寄ることとは、
迷わずに
ただ歩くことなんだよ。
思い切って
突き進んでいくことだ。
苦しさが増すほど、
あなたの目的が
夢が叶えられるのだから。

アーサー・ザルツバーガー・ゴールデン
『ニューヨーク・タイムズ』発行人

人生は自転車に乗るようなものだ。
倒れないためには
走り続けなければならない。

アルバート・アインシュタイン　ドイツ生まれの理論物理学者

仕事に対する考えを
整理するとか、熟考するとか
口走るのは、
おおかた仕事を逃れる
口実である。

カール・ヒルティ
スイスの哲学者、法学者／「時間をつくる方法」

願わくば、
我に七難八苦を与えたまえ。

山中鹿介
戦国武将

火中の栗を拾う。

ラ・フォンテーヌ
フランスの詩人

猿におだてられた猫が、いろりの中の栗を拾って大やけどをしたというヨーロッパの寓話。自分の利益にならないのに、他人のために、あえて危険を冒すことのたとえとして用いられる。

ミゲル・デ・セルバンテス　16～17世紀、最盛期のスペイン王国の作家で、軍人としてレパントの海戦にも参加。ディケンズやメルヴィル、ドストエフスキーなど、のちの作家に影響を与えた。

旅の途中で道に迷うのは不運です。
しかし、旅の理由を失うのは
もっと悲惨な結末です。

ハーバート・ジョージ・ウェルズ　イギリスの作家、社会活動家、歴史家

時というものは、
それぞれの人間によって、
それぞれの速さで
走るものである。

ウィリアム・シェイクスピア
イギリスの劇作家／『お気に召すまま』

人間は頭で理解するが、
感情で動く。
説得力とは、とりもなおさず
人の感情にストレートに
訴えかける術である。

大山梅雄
実業家（再建王）、東洋製鋼社長

為すべきは人にあり、
成るべきは天にあり。

杉田玄白
江戸時代の蘭学医

努力は人がするもので、その結果がどうなるかは、天（神）が決めるものであるという意味。同じような意味のことわざに、「人事を尽くして天命を待つ」がよく知られる。

小さなことでも見落とすな。
ほんの少しの水漏れから、
大きな船は沈んでしまう。

ベンジャミン・フランクリン
アメリカの政治家（建国の父）、外交官、著述家

道が窮《きわま》ったかのようで
他に道があるのは
世の常である。
時のある限り、
人のある限り、
道が窮るという
理由はないのである。

大隈重信
佐賀藩士、第8・17代内閣総理大臣、
早稲田大学創設者

自分の注意が今、
結果だけにいっていないか、
その点を注意する。
そして、自分の注意が
いつも過程（プロセス）に
あるようにすることが、
人生を快適に過ごすために
守るべき原則である。

加藤諦三《たいぞう》
社会学者、著述家／『名言は人生を拓く』（講談社）

世に抜きん出るには
2つの方法がある。
自分自身の努力によるか、
他人の馬鹿さ加減を
利用するか、
そのいずれかである。

ラ・ブリュイエール
フランスのモラリスト、作家

世の中には、
いつも2通りの人間がいる。
開拓する者と、ゆっくり進む者だ。
ゆっくり進む者は
いつも開拓者を非難する。

ヘンリー・フォード　アメリカの実業家、フォード・モーター創設者

「最適者」だけが生き残る

生き残ることの
できる生きものは、
最も優れた
生態能力を持った
種族ではなく、
環境の変化に順応
できる種族である。

チャールズ・ダーウィン
自然科学者

有名な言葉だが、実は後世の創作ともみられている。ダーウィンの「進化論」の中心を成すのが「適者生存」。もっとも環境に適した種が生き残るという考えだ。

注意したいのは、環境に適応した最適者とはいわゆる強い者、優れた者ではないという点だ。身体能力の高さや、頭の良さは生き残りの条件ではない。

企業にたとえれば、激変する経済環境を眺め、それに即した変化を続けることが重要となる。今儲かっている事業が数年後も成功する保証などどこにもない。大切なのは変わりゆく環境に適した変化を常に探求するスタンスだ。その労を惜しむ会社には淘汰の運命が待つのである。

ハーバート・ジョージ・ウェルズ　『宇宙戦争』などの作品で知られ、ジュール・ヴェルヌとともに「SFの父」と呼ばれた19～20世紀の作家。社会活動家や歴史家としても業績を遺した。

優位なときこそ気を抜くな

最大の危機は勝利の瞬間にある。

ナポレオン・ボナパルト　フランスの軍人、政治家、皇帝

勝負は最後の最後、ゲタを履くまでわからない。勝利を確信したとき、人間には油断と慢心が生まれる。歴戦をくぐり抜けてきた皇帝ナポレオンはそれを熟知していた。

仕事上の取引、試験、恋愛、スポーツでも同じである。ふと気を抜いていちばん最後の詰めを誤り、すべてを台無しにしてしまった例は枚挙に暇がない。

小さいことを重ねることが、とんでもないところに行くただひとつの道だ。

イチロー　プロ野球選手、メジャーリーガー

稽古とは一より習い十を知り　十よりかえる　もとのその一

千利休　茶人

稽古（学ぶこと）とは、地道な積み重ねであり、十に到達したらまた一にかえることが大切だ。最初に戻り再び学ぶ際には、最初とは違った境地で、異なる物事が見えてくるだろう。

人間に与えられた、最大の力は努力です。

君原健二　元マラソン選手（五輪・銀メダリスト）

一歩ずつ運べば山でも移せる。

白川 静　漢文学者、東洋学者

男なら、たとえどぶの中でも前のめりで死ね。

星一徹のセリフ　漫画『巨人の星』

スポ根漫画の先駆けというべき名作。その中で、一徹が息子の飛雄馬に坂本龍馬の言葉として伝えた。だが、実際に龍馬の言葉とする史料はない。

一歩踏み出せるなら、
もう一歩も踏み出せる。

トッド・スキナー
アメリカの登山家、フリークライマー／『頂上の彼方へ 究極の山から得た40の教訓』（NHK出版）

何も真似したくない
と思う者は、
何も生み出さない。

サルバドール・ダリ
スペインの画家

あなたの周りを
変えようとしても
ほとんど意味がありません。
まず最初に、
自分の信念を変えなさい。
そうすれば、あなたの周りの
あらゆることが
それに応じて、変わります。

ブライアン・アダムス
カナダのミュージシャン

他人から「できますか?」と聞かれたら、
とりあえず「できます」と
答えちゃうんだよ。
その後で頭が痛くなるくらい考え抜けば
大抵のことはできてしまうものなんだ。

円谷《つぶらや》英二 特撮監督

黒い猫でも白い猫でも、
ネズミを取るのがよい猫だ。

鄧小平《とうしょうへい》
中国共産党の指導者

円谷英二（つぶらや・えいじ） 日本映画界に「特撮映画」というジャンルを作り上げ、「特撮の神様」とも呼ばれる人物。『ゴジラ』や『ウルトラマン』を世に送り出した人物として知られる。

適切にルールを破る方法を
見つけるために、
ルールを学びなさい。

ダライ・ラマ14世
チベット仏教の最高指導者（ノーベル平和賞）

なにもかも
すべてやろうとしたり、
すべてが正しく行われることを
期待していると、
いつか失望するはめになります、
完璧主義は敵です。

シェリル・サンドバーグ
フェイスブックCOO／『LEAN IN 女性、仕事、リーダーへの意欲』（日本経済新聞出版社）

取るに足らないと思っても、
仕事をむげに断わってはいけない。
その仕事が何をもたらすか、
やってみなければ分からないのですから。

ジュリア・モーガン
アメリカの建築家

どんな仕事でも
喜んで引き受けてください。
やりたくない仕事も、
意に沿わない仕事も、
あなたを磨き強くする
力を秘めているからです。

稲盛和夫
実業家、京セラ・第二電電創業者

時間の使い方がもっとも下手な者が、
まずその短さについて苦情をいう。

ラ・ブリュイエール
フランスのモラリスト、作家

自ら反《かえ》りみて縮《なお》くんば、
千万人といえども吾《われ》往《い》かん。

孟子
古代中国の儒学者／『孟子』

孔子の言葉として、孟子が弟子に伝えたもの。自らの行いを省みてそれが正しいと思ったら、どんなに多くの反対者がいても、恐れずに自分の信ずる道を進もう。

成績の悪い営業マンほど、
売れない理由の説明がうまい。

大前謙一
経営コンサルタント／『大前語録』（小学館）

半途にして怠れば、
前功を失い未熟に復《かえ》る。

幕末の朱子学者
安積艮斎《あさかごんさい》

物事を実行する際に、途中で怠ってしまうと、それまでの実績さえ失って、未熟な最初の状態に戻ってしまう。

創造は過去と現在とを
材料としながら
新しい未来を発明する
能力です。

与謝野晶子
歌人、作家、思想家／『婦人も参政権を要求す』（『与謝野晶子評論集』岩波文庫）

絶対優勢は
絶対不利につながり、
絶対不利は
絶対優勢につながる。

大山康晴
プロ棋士

何かにつけて
憤怒を抱くうちは、
自己を制御していない。
すべての悪に対しては、
平静な抵抗が
最高の勝利をおさめる。

カール・ヒルティ
スイスの哲学者、法学者／『眠られぬ夜のために』

人々が仕事で
幸せになるためには
次の3つが必要だ。
その仕事に向いていること、
働きすぎないこと、
そして、やれば成功する
と考えることだ。

ジョン・ラスキン
イギリスの美術評論家、社会思想家

創意工夫で効率化を目指す

人より一時間余計に
働くことは尊い。……
一時間少なく働いて、
いままで以上の成果を
挙げることもまた尊い。
そこに人間の働き方の
進歩があるのでは
ないだろうか。

松下幸之助
パナソニック創業者、発明家、著述家

労働時間とその成果は必ずしも一定しない。日本の会社ではいまだに長時間労働を美徳とする風潮もあるが、効率化を図って労働時間を短くするのも仕事のうち、という感覚を持ちたいところだ。仕事配分など チームの協力体制を見直し、創意工夫ができるWebサービス、アプリを有効に使いたい。

ダライ・ラマ14世　チベット仏教の最高指導者。チベット亡命政府「ガンデンポタン」の指導者も務め、宗派を超えて大きな影響力を持つ人物で、1989年にノーベル平和賞を受賞した。

君の心の庭に忍耐を植えよ。その根は苦くともその実は甘い。

ジェーン・オースティン　イギリスの作家

成長を欲する者は、
まず根を確かに
おろさなくてはならない。
上に伸びることのみ欲するな。
まず下に食い入ることに
努めよ。

和辻哲郎
哲学者

いかに弱き人といえども、
その全力を単一の目的に
集中すれば、
必ずその事を成し得べし。

春日潜庵《せんあん》
幕末の儒学者

人を知る者は智なり、
自ら知る者は明なり。
人に勝つ者は力あり、
自ら勝つ者は強し。
足るを知る者は富む。

老子
古代中国の思想家

他人を理解できる者には知恵があり、自分を知っている者は優れている。また、人に勝つ者には力があるが、自分に勝つ者こそが強者だ。そして、足るを知る者は、心豊かな人である。

計画を成功させようと
するなら、
隠密にとり運ばなければ
ならない。
外に漏らしたら失敗する。

韓非子《かんぴし》
古代中国の思想家／『「韓非子」を見よ！』守屋洋（三笠書房）

即興で乗り切る能力と
順応性が、
最終的にはきわめて貴重な
資源となる。

トッド・スキナー
アメリカの登山家、フリークライマー／『頂上の彼方へ 究極の山から得た40の教訓』（NHK出版）

「確率」ではなく、「可能性」にかけろ。

杉村太郎　実業家／『アツイ　コトバ』（中経出版）

人間は必ず失敗する生き物だ

道を歩き
つまずくは常なり。
いささか心を
労するに及ばず。

毛利元就　戦国武将

「三本の矢」の逸話も知られる元就。あるとき彼は、ヘマをして平謝りする部下をこう慰めたという。人は必ずつまずく生き物である。だがそれはごく普通のことなのだ、と。ミスはしないに越したことはないが、元就はあって当然と考えている。問題は、必ずつまずく自分とどう向き合うか、どう挽回すればいいか、ということなのだ。

単なる一生懸命には
なんら価値がない。
一生懸命が価値を持つ
ためには、
正しい理論に基づくことが
前提条件だ。

本田宗一郎　ホンダの創業者

どれほど崇高な目標が
あったとしても、
極端な努力をしてしまうと、
続かなくなります。

ダライ・ラマ14世　チベット仏教の最高指導者（ノーベル平和賞）

知的労働においては、
時間の活用と浪費の違いは、
成果と業績に直接現れる。

ピーター・ドラッカー　アメリカの経営学者

行く前から
考えていてもしょうがない。
行ってみたら
忙しそうで邪魔なら、
「また来ます」と言って
引き下がればいい。

小山昇　経営コンサルタント／『絶対に会社を潰さない社長の営業』（プレジデント社）

仕事を追い立てよ。
仕事に追い立てられてはならない。

ベンジャミン・フランクリン　アメリカの政治家（建国の父）、外交官、著述家

春日潜庵（かすが・せんあん）　江戸末期から明治初期の陽明学者（儒学者）。勤王家の公卿に仕えて尊攘派と交流を深め、安政の大獄の際には幽閉されるが、維新後は奈良県知事となる。

鳥のように自由に空を飛びたい
なんていうのは勝手だけど、
鳥が飛ぶために
何万回翼を動かしているか、
よく見てごらん。

北野 武（ビートたけし） お笑い芸人、映画監督

上見れば
及ばぬことの
多かれど
笠脱ぎてみよ
及ぶ限りを

平田篤胤《あつたね》

江戸後期の国学者、神道家、思想家、医者

上を見ると及ばないと感じることが多いだろう。だからといって、そこで意気消沈せず、狭いところだけを見ずに、できるだけ広い世界を見て回り、視野を広げることが大切だ。

恐るべき競争相手とは、
あなたのことを
まったく気になどかけず、
自分の仕事を
常に向上させ続けるような
人間のことだ。

ヘンリー・フォード

アメリカの実業家、フォード・モーター創設者

グラウンドには
銭が落ちている。
その銭はファンから
もらっていることを忘れるな。

鶴岡一人《かずと》

元プロ野球監督

ベストを尽くす
だけでは勝てない。
ボクは勝ちにいく。

松岡修造

元プロテニス選手／『松岡修造の人生を強く生きる83の言葉』（アスコム）

結局、人は狙ったものしか
射止めることができない。

ヘンリー・デイヴィッド・ソロー　アメリカの作家、思想家、詩人、博物学者

どの港へ向かうのかを
知らぬ者にとっては、
いかなる風も順風たり得ない。

ルキウス・アンナエウス・セネカ

ローマ帝国の政治家、哲学者、詩人

成功の鍵は、
的を見失わないことだ。
自分がもっとも力を
発揮できる範囲を見極め、
そこに時間とエネルギーを
集中することである。

ビル・ゲイツ

アメリカの実業家、マイクロソフト共同創業者

ルキウス・アンナエウス・セネカ　小セネカとも。ローマ帝国ユリウス・クラウディウス朝最後の皇帝ネロの家庭教師を務め、即位後は相談役に。ネロ暗殺計画への関与を疑われ自殺した。

優秀な人間は
議論や分析が先行し、
それで終わってしまう
ことが多い。
行動に移さねば意味がない。

宮澤賢治
童話作家、詩人

まず疑い、次に探究し、
そして発見する。

ヘンリー・バックル
イギリスの歴史学者／『英国文明史』

クオリティとは
決して偶然に
もたらされるものではない。
それはいつも、
知的に努力をした結果
もたらされる。

ジョン・ラスキン
イギリスの美術評論家、社会思想家

真に価値のあるものとは?

10年、20年、50年
経っても欲しいと
思うものを
作っているかどうか、
これが私の投資判断
の基準です。

ウォーレン・バフェット
アメリカの投資家

本当に価値のある商品とはどのようなものだろうか。短いスパンで売れる可能性があっても、長期的には売れずに在庫の山を築けば、結局は企業価値を損じる。逆に地味でもコンスタントに売れ、長い目で企業に貢献する商品もある。真に評価されるのは、一過性でなく長く愛され続ける商品なのだ。

60点主義で即決せよ。決断はタイムリーになせ。

土光敏夫　実業家、元経団連会長／『新訂・経営の行動指針』(産業能率大学出版部)

「私は」ではなく
「我々は」を考えることが大切。

ピーター・ドラッカー
アメリカの経営学者

取らんと欲する者は
まず与えよ。

老子
古代中国の思想家

空腹でもないのに
食事をしては
病気になるように、
意味も分からず
意味を求めるのは、
勉強にならない。

レオナルド・ダ・ヴィンチ
イタリア・ルネサンスの芸術家（万能人）

朝《あした》に道を聞かば、
夕べに死すとも可なり。

孔子
古代中国の思想家、儒家の始祖／『論語』

朝に物事の真理を聞けるのなら、夕方に死んでも後悔しない。真理を求める尊さを教えるものだが、命がけで目標に向けて突き進めとの鼓舞ともとれる。

悲観主義者は
風に恨みを言い、
楽観主義者は
風が変わるのを期待し、
現実主義者は帆を合わせる。

ウィリアム・アーサー・ウォード
アメリカの教育者、著述家

結果よりも経過が大切だ。
そうは言っても、
結果が出ないうちは
その経過を
評価されることはない。

荒井直樹
高校野球部監督／『「当たり前」の積み重ねが、本物になる』（カンゼン）

もったいないようだけど、
捨てることが、
いちばん巧妙な方法だね。
捨てることを
惜しんでいるヤツは、
いつまでたってもできないね。

本田宗一郎
ホンダの創業者

「断捨離」がブームになったが、その真意は、何でも捨てるのではなく、ものへの執着を断ち切れというもの。今までのやり方や習慣、努力に固執せず、時にはすっぱり捨てて方向転換することが目標達成への近道だと説いている。

我々は、明日の過去である。

メアリー・ウェッブ
イギリスの作家

計画のない目標は、ただの願い事にすぎない。

サン＝テグジュペリ　フランスの作家、操縦士

サン＝テグジュペリ　兵役に志願して陸軍飛行連隊に所属。退役後に民間航空界に入り、飛行士としての体験に基づいた小説を発表した。欧州－南米間の飛行航路開拓にも携わっている。

明日に先延ばしして良いのは、やり残して死んでも構わないことだけだ。

パブロ・ピカソ　スペインの画家

まずは
目の前のボールだけ集中する。
一瞬一瞬、
自分にやれることを
やろうと考えて。

錦織 圭
プロテニス選手

こころよき
疲れなるかな
息もつかず
仕事をしたる後《のち》の
この疲れ

石川啄木
歌人／『一握の砂』

地を易《か》うれば皆然《しか》り。

孟子
古代中国の儒学者／『孟子』

人の言動に違いがあるのは、地位や境遇が違うからで、立場を変えれば同じになる。つまり、考え方や行動は、地位や立場に左右されるということ。

報酬以上の仕事をしない
という人は、
仕事ぶりに応じて
報酬が上がっていく
ということを忘れている。

エルバート・ハバード
アメリカの思想家、作家、教育者

危険を冒さなければ、
危険を乗り越えることは
できない。

ジョージ・ハーバート
イギリスの詩人、神学者

三流は人の話を聞かない。
二流は人の話を聞く。
一流は
人の話を聞いて実行する。
超一流は
人の話を聞いて工夫する。

羽生善治
プロ棋士

困難とは作業着をまとった好機会にすぎない。

ヘンリー・ジョン・カイザー
アメリカの実業家

ボロボロの作業着を好む人はいないように、困難を好む人もいないだろう。しかし、それこそが宝の山。物事は見方によって受け取り方も変わる。見た目に惑わされずよく見れば、そこにチャンスが眠っているというわけだ。

会社は良い仕事をしたから儲かるのである。儲けとは答えであって、儲け主義とは違う。

安藤百福　日清食品創業者／『インスタントラーメン発明王 安藤百福かく語りき』（中央公論新社）

「初心」の本当の意味とは？

初心忘るべからず。

世《ぜ》阿《あ》弥《み》
猿楽師／『花鏡』

能の大成者である世阿弥の50代半ばの言葉だ。「初めの志を忘れるな」という意味で使われるが、本来のニュアンスはもっと深い。世阿弥は初心には若年の初心、人生の時々の初心、老後の初心があるとし、これを忘れず生涯「習い」を続けよという。若年の初心とは24～25歳の頃で、彼が稚児時代の美声を変声期で失った後、苦しみを経て大人の身体と声を獲得したひとつの完成期にあたる。だがこのときに自分の未熟に気づかず慢心すれば「まことの花」は咲かないという。人生の時々と老後の初心とは、その時々、老後に己を最上に磨き上げること。世阿弥は「命に終わりあり、能には果てあるべからず」ともいう。

孟子（もうし）　中国・戦国時代の魯国鄒（すう）出身の思想家で、孔子の孫の子思の門人に学ぶ。性善説・易姓革命説を唱え、孔子の教えを継承・発展させた。儒教においては、孔子に次ぐ重要人物。

稽古は本場所のごとく、
本場所は稽古のごとく。

双葉山
第35代横綱

普段は物事に真剣に取り組み努力を続け、いざ勝負のときには冷静にリラックスしてあたる。それが目標達成の極意というわけだ。双葉山の連勝が69でストップしたとき、師と仰ぐ安岡正篤《まさひろ》に「イマダモッケイタリエズ（未だ木鶏たりえず）」と電報を打った。これは荘子からの引用で、物事に動じない木彫りの鶏のような境地には、いまだ到達していないと述べている。

何を考え、何を知り、
何を信じているかは、
結局は取るに足らないことだ。
唯一重要だと言えるのは、
何をするかだ。

ジョン・ラスキン
イギリスの美術評論家、社会思想家

仕事はあきらめてはいけない。
最後のひと押しが、正否を決めるのだ。
人生は紙一重だ。
こちらが根負けしかかったとき、
相手はこちらに
根負けしかかっているのだ。

市村 清
リコー三愛グループ創始者

何をやるかを
決めるのは簡単。
何をやらないかを
決めるのが大事。

マイケル・デル
デル創業者／『世界の名言100』(総合法令出版)

濡れている者は雨を恐れない。
裸の者は盗賊を恐れない。

ロシアのことわざ

人間、謙虚さが進歩のモト。
「教わる」――この気持ちを
忘れてはいけない。

清水市代
女流棋士

ピラミッドは
頂上から作られはしない。

ロマン・ロラン
フランスの作家／『ジャン・クリストフ』

凧がいちばん高く上がるのは、風に向かっているときである。風に流されているときではない。

ウィンストン・チャーチル　イギリスの政治家、軍人、作家（ノーベル文学賞）

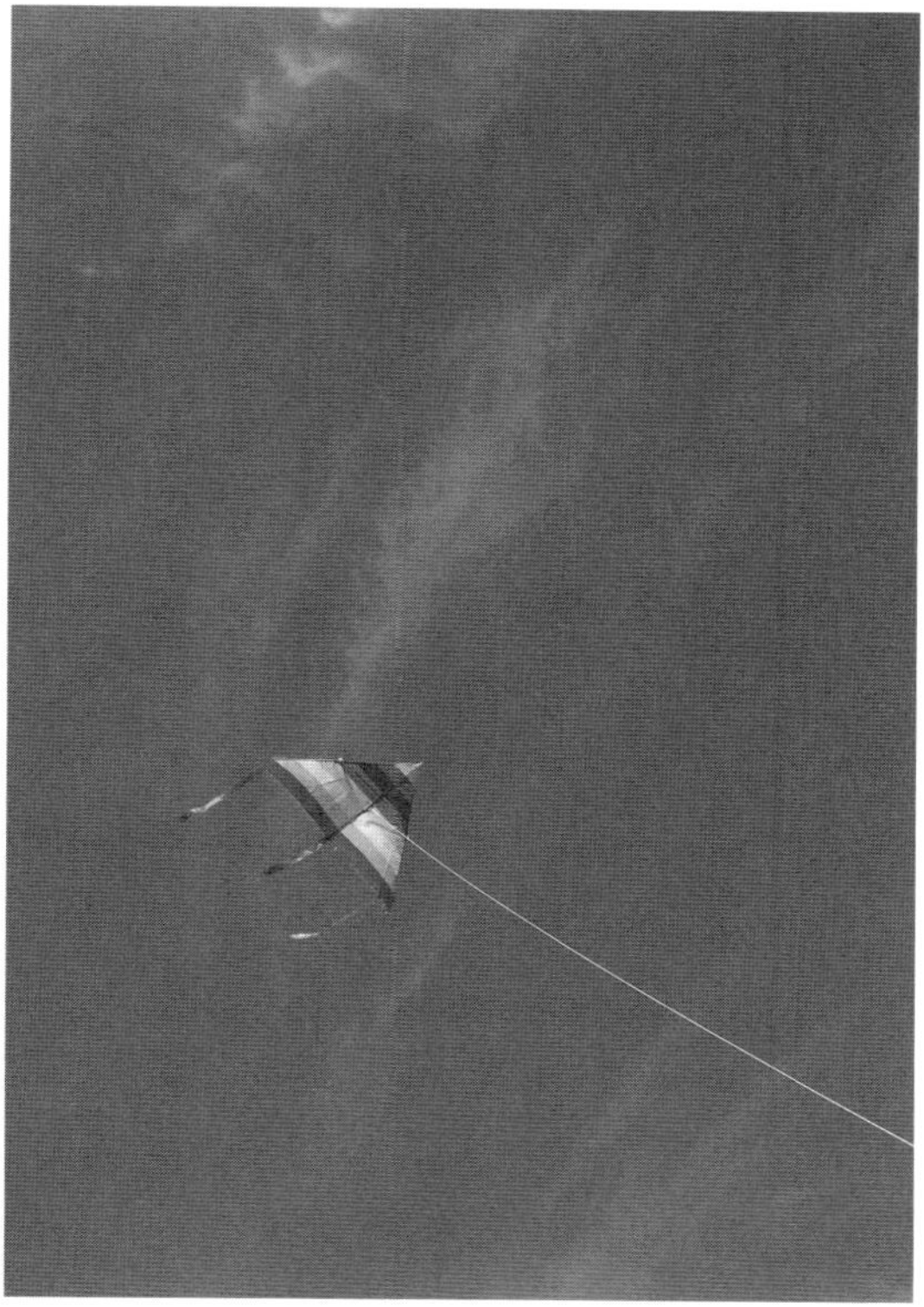

険しい山に登るためには、最初からゆっくりと歩くことが必要である。

ウィリアム・シェイクスピア
イギリスの劇作家

困難を予期するな。決して起こらないかも知れぬことに心を悩ますな。常に心に太陽を持て。

ベンジャミン・フランクリン
アメリカの政治家（建国の父）、外交官、著述家

いかに多くの人が汝より先行しているかを見るよりも、いかに多くの人が汝より遅れているかを考えよ。

ルキウス・アンナエウス・セネカ
ローマ帝国の政治家、哲学者、詩人／『書簡集』

ウィンストン・チャーチル　第二次世界大戦中のイギリスを勝利に導いたことで知られる政治家・首相で、今なお人気が高い。ノンフィクション作家でもあり、ノーベル文学賞を受賞している。

心得たと思うは
心得ぬなり
心得ぬと思うは
心得たるなり

本願寺第八世蓮如
浄土真宗僧侶／『蓮如上人御一代記聞書』

心得たと思っている人は、「わかった」と思い込んでいるだけで、実は心得たとはいえないということ。自分が得た知識に自信があるぶん、人から教えを聞く謙虚さがない。自分はまだ十分に心得ていない者であると、自覚することが大切だと説いている。

楽天主義こそ
いっさいを成功に導く
信念である。
希望がなければ
何ごとも
成就するものではない。

ヘレン・ケラー
アメリカの教育者、作家／『楽天主義』

長いこと
考え込んでいるものが、
いつも最善の選択
となるわけではない。

ゲーテ
ドイツの詩人、劇作家、自然科学者

流した汗は嘘をつかない。

九重親方(千代の富士)
第58代横綱

どこか遠くへ行きなさい。
仕事が小さく見えてきて、
もっと全体が
よく眺められる
ようになります。
不調和やアンバランスが
もっとよく見えてきます。

レオナルド・ダ・ヴィンチ
イタリア・ルネサンスの芸術家(万能人)

私たちは無知によって
道に迷うことはない。
自分が知っていると
信じることによって迷うのだ。

ジャン・ジャック・ルソー
フランスの啓蒙思想家、哲学者、作家

金を稼ぐよりも時間を稼げ。

本田宗一郎　ホンダの創業者

大きな樫の木も
小さなドングリから育つ。

ジェフリー・チョーサー　イギリスの詩人

晴信（武田信玄）の戦術は
後途《ごど》の勝ちを重視した
慎重なものである。
それは国を侵してとる
秘術かもしれぬ。

上杉謙信　戦国武将／『甲陽軍鑑』

「後途の勝ち」とは、後々の勝ちということ。戦は敵味方双方に多大な被害を及ぼす。それでも信玄がたびたび合戦を行うのは、それによって領地を広げ、自らの国を豊かにしてゆくという、先々の利を考えているからではないかと、上杉謙信は分析している。

人を動かすには、
相手のほしがっているものを
与えるのが、
唯一の方法である。

デール・カーネギー　アメリカの教育者、自己啓発作家／『人を動かす』（創元社）

よく（仕事は）楽しい、
楽しいって言いますが、
僕自身は楽しまないです、
仕事ですから。
仕事はやっぱり
真剣にやってつらいくらい、
一生懸命やるべき
だと思うので。

田崎真也　ソムリエ、元国際ソムリエ協会会長

日々の積み重ねが大発見に

今日なし得る
だけのことに
全力を尽くせ、
そうすれば明日は
一段の進歩が
あるだろう。

アイザック・ニュートン　イギリスの物理学者、天文学者

途方もない先のゴールに到達するには、日々の努力の積み重ねしかない。ニュートンといえば、リンゴが落ちるのを偶然見て万有引力を発見したという逸話が有名だが、これは後世の創作という。この発見は、彼が毎日、数学や天文学など幅広い分野を全力で研究した結果だ。決して偶然のたまものではなかったのだ。

ジャン・ジャック・ルソー　18世紀のスイス・ジュネーブ出身の政治・教育哲学者。個人の自由を主張する「一般意志」などを唱えたことで知られ、「フランス革命の父」とも称される。

自分を追い込むことも大切

背伸びして視野をひろげているうち、背が伸びてしまうこともあり得る。それが人生の面白さである。

城山三郎　作家

身の丈にあった目標を持ったり、仕事をすることは悪いことではない。だが時に目標を一段高くしたり、よくわからない分野にチャレンジしてみてはどうだろうか。背伸びをして自分で自分を追い込む羽目になるのだが、その分人間は自分を繕うべく必死で学び、努力する習性がある。今できないことは、いつかできることでもあるのだ。

十のサービスを受けたら十一を返す。その余分の一のプラスがなければ、社会は繁栄していかない。

松下幸之助
パナソニック創業者、発明家、著述家／『リーダーになる人に知っておいてほしいこと』（PHP研究所）

常に今日のためにのみ働く習慣をつくるがよい。明日はひとりでにやってくる。そしてそれとともに新しい明日の力もまた来るのである。

カール・ヒルティ
スイスの哲学者、法学者

渦の中心になれ。

稲盛和夫
実業家、京セラ・第二電電創業者／『京セラフィロソフィ』（サンマーク出版）

他者がまねするような商品をつくれ。

早川徳次
シャープ創業者

相手に
ひとつのイメージを与える。
次にやることは、
そのイメージを
裏切っていくことだ。
それが勝負なのだ。

阿佐田哲也（色川武大）
作家、雀士

恥といふことを打ち捨てて、
世のことは成るべし。

坂本龍馬
幕末の志士

恥も外聞も捨てて突き進むことで、世の中のこと（目標）は達成できる。

なろう なろう あすなろう
明日は檜《ひのき》になろう

井上 靖
作家／『あすなろ物語』

何も質問しない人は、
何でも知っているか、
何も知らないかの
どちらかである。

マルコム・フォーブス
経済紙『フォーブス』元発行人

花はその花弁のすべてを失って
果実を見いだす。

ラビンドラナート・タゴール
インドの詩人（ノーベル文学賞）／『タゴール詩集』

偉大なことをなすには、
実行力だけでなく、
夢想力がなければならない。

アナトール・フランス
フランスの詩人

知の難きに非ざるなり、
知に処すること則ち難きなり。

韓非子
古代中国の思想家／『史記列伝 老子・韓非列伝』司馬遷（岩波文庫）

知識を得ることは難しいことではない。その知識をいかに自らの行動に役立てていくか、目標達成のためにどう用いるかが難しいのだ。

疑を以て疑を決すれば、
決必ず当たらず。

荀子
古代中国の思想家、儒学者

迷いながら疑いながら物事を進めると、必ず失敗する。実行する際には、決断してから行うべきである。

走った距離は、裏切らない。

野口みずき
元マラソン選手（五輪・金メダリスト）／『読めばたちまちハッピーになるいいコトバ』（秀和システム）

ラビンドラナート・タゴール　19～20世紀のインドの思想家、詩人。アジア人初のノーベル文学賞を受賞し、今も「詩聖」として尊敬される。ガンジーの独立運動を支持したことでも有名。

イノベーションを継続せよ

昨日を守ること、すなわちイノベーションを行わないことのほうが明日をつくることよりも大きなリスクを伴う。

ピーター・ドラッカー
アメリカの経営学者

イノベーションは「技術革新」「変革」の意味で利用される言葉だ。経営学の父ドラッカーは「より優れた、より経済的な財やサービスを創造すること」と定義し、マーケティング（市場活動）と並ぶ企業の基本的機能とする。つまり、常に市場が求めるものを探求し、より優れた商品を創造・供給するのが企業の姿だというわけだ。商品は飽きられ、コモディティ化し、必ず陳腐化する宿命を持つ。だから、イノベーションは不断に行われねばならない。無論闇雲に変革すればいいというわけでなく、それがマーケティングに即したものか、自社の強みが生かせるのか、自社がそれに集中できるか、などの問いかけが重要となる。

今日、歴史を作ろう。

スティーブ・ジョブズ アップル社の共同設立者、実業家、作家、教育者

児孫《じそん》のために美田を買わず

西郷隆盛
薩摩藩士、政治家

子孫のために財産を残すと、それに頼って努力をしなくなるので、自分は財産を残さないという詩の一部。自らの志のために身を捧げる、潔く最期を迎えようとする西郷隆盛の覚悟がうかがえる。全身全霊をかけて目標のために努力することの大切さを伝えている。

いやな仕事でえらくなるより好きな仕事で犬のように働きたいさ

島耕作のセリフ
漫画『課長島耕作』シリーズ、弘兼憲史《ひろかねけんし》（講談社）

考えねばならんのは、うまくいきすぎているときですよ。

大山康晴
プロ棋士

人生という試合で
もっとも重要なのは、
休憩時間の得点である。

ナポレオン・ボナパルト　フランスの軍人、政治家、皇帝

自分の信じる通りやってごらん。
でもなあ、人と違う生き方は、
それなりにしんどいぞ。
何が起きても、
誰のせいにもできないからね。

月島靖也のセリフ
アニメ『耳をすませば』

「勝ち負けは重要ではない」
といった人は、
おそらく皆負けている。

マルチナ・ナブラチロワ
プラハ出身の元プロテニス選手

人間の肉体的労働力は、
ほんの二十分の一馬力にすぎない。
だが人間の頭脳の能力は
機械を制する。
ここに人間の価値がある。

本田宗一郎
ホンダの創業者／『得手に帆あげて』（光文社）

マルチナ・ナブラチロワ　ウィンブルドン選手権の大会史上最多優勝記録（9勝）などで知られる元プロテニス選手。1980～90年代にかけて絶対的な強さを誇り、男子にも勝てるといわれた。

あー、忙しい、忙しい。「忙しい」の数と、
その人の年収は反比例していく。
「忙しい」を1回言うごとに、
チャンスを失っている。

千田琢哉　著述家／『人生を最高に楽しむために20代で使ってはいけない100の言葉』（かんき出版）

私は以前、
才能とは一瞬のきらめきだと
思っていました。
けれどもいまは、
十年とか二十年とか
三十年とか、
同じ姿勢で同じ情熱を
傾けられることが
才能なんだと思っています。

羽生善治
プロ棋士／
『精神科医が選んだ「心が元気になる言葉」』
和田秀樹（新講社）

私は仕事をしていると
くつろげる。
何もしていなかったり、
訪問客の相手をしていたり
すると疲れる。

パブロ・ピカソ
スペインの画家

楽な人生を願い求めるな。
より強い人間になれるように
願いなさい。

ジョン・F・ケネディ
アメリカの第35代大統領

功を以て人に勝つことなかれ、
謀を以て人に勝つことなかれ、
戦を以て人に勝つことなかれ。

荘子
古代中国の思想家

功績や謀略、戦いによって人に勝って
はいけない。大切なのは「徳」である。
努力や謙虚さを忘れず、誠実に物事に
あたって目標を達成することで、人々
の尊敬を集めることにもつながる。

諸君が多弁を
弄《ろう》すれば弄するほど、
人々は諸君の言ったことを
記憶しないだろう。

フランソワ・フェヌロン
フランスの神学者、文学者

あら探しをするよりも、
改善策を考えなさい。

ヘンリー・フォード
アメリカの実業家、フォード・モーター創設者

愚か者の鈍さは
利口者の砥石です。

佐藤一斎
江戸時代の儒学者

愚者の利のない言動でも、利口者にとってはそれが反面教師となったり、自らを磨く糧となる場合がある。

人は教えることによって、
もっともよく学ぶ。

ルキウス・アンナエウス・セネカ
ローマ帝国の政治家、哲学者、詩人

「努力のよろこび」
というものがわかりだしたわ。
一生懸命にやって
勝つことのつぎにいいことは、
一生懸命にやって
落ちることなのよ。

ルーシー・モード・モンゴメリ
カナダの作家／
『赤毛のアン』村岡花子訳（新潮社）

自分が負けたと思わない限り
負けることはない。
その出来事を決めるのは
自分だけなのだ。
イアン・ソープ　オーストラリアの元水泳選手（五輪・金メダリスト）

荘子（そうし）　中国・戦国時代末の思想家。儒家の思想に反対し、一切をあるがままに受け入れるところに真の自由があるという独自の世界を開き、のちの禅の形成に大きな役割を果たした。

古今東西の英雄を魅了する「勝利の書」とは?

敵を知り、己を知れば、百戦危うからず。

孫子(孫武)
古代中国の思想家／『孫子』

勝つために、何をすべきか?

『孫子』は2500年前に古代中国で成立した世界最古の兵法書である。著者は呉《ご》の将軍・孫武《そんぶ》(孫子は尊称)で、呉王の覇業を支えた大軍略家だ。現在私たちが目にする『孫子』は、三国志の英雄、曹操《そうそう》が内容を整理してまとめたものである。

合理的、理性的な思考を重視する特長があるので、時代・国籍を問わず、政治家、指揮官、リーダーに広く愛読されてきた。古くはナポレオン、毛沢東、武田信玄、現代ではビル・ゲイツ、孫正義らがフォロワーとして知られている。

その内容は多岐にわたるが、根底にあるのは「正しい状況把握」だ。勝利を得るために挙げられているのは、以下の5つの条件である。

まず①戦うべきときと戦ってはならないときの違いを知ること。情勢分析に力を注ぐべしである。次に②大軍と小軍の指揮の違いを理解すること。双方の統率の仕方は異なる。③将兵の心をひとつにすること。物事には上下の人心を統一してあたるべきだ。④自軍はしっかりと準備し、敵の油断を見抜いて戦うこと。戦いとは詰まるところ騙し合い(詭《き》道《どう》)なのである。最後に⑤実戦では有能な将軍に全権を委ねる。部下に任せ、総大将はその邪魔をしない。

部下の気持ち、力量、敵の情勢を正しく把握する。そしてチャンスを見極めて正しく兵を用いれば、百回戦って百回勝利できる。現代の経営者ならば市場、自社、他社の特性を「知る」ことこそ勝利への道なのだ。

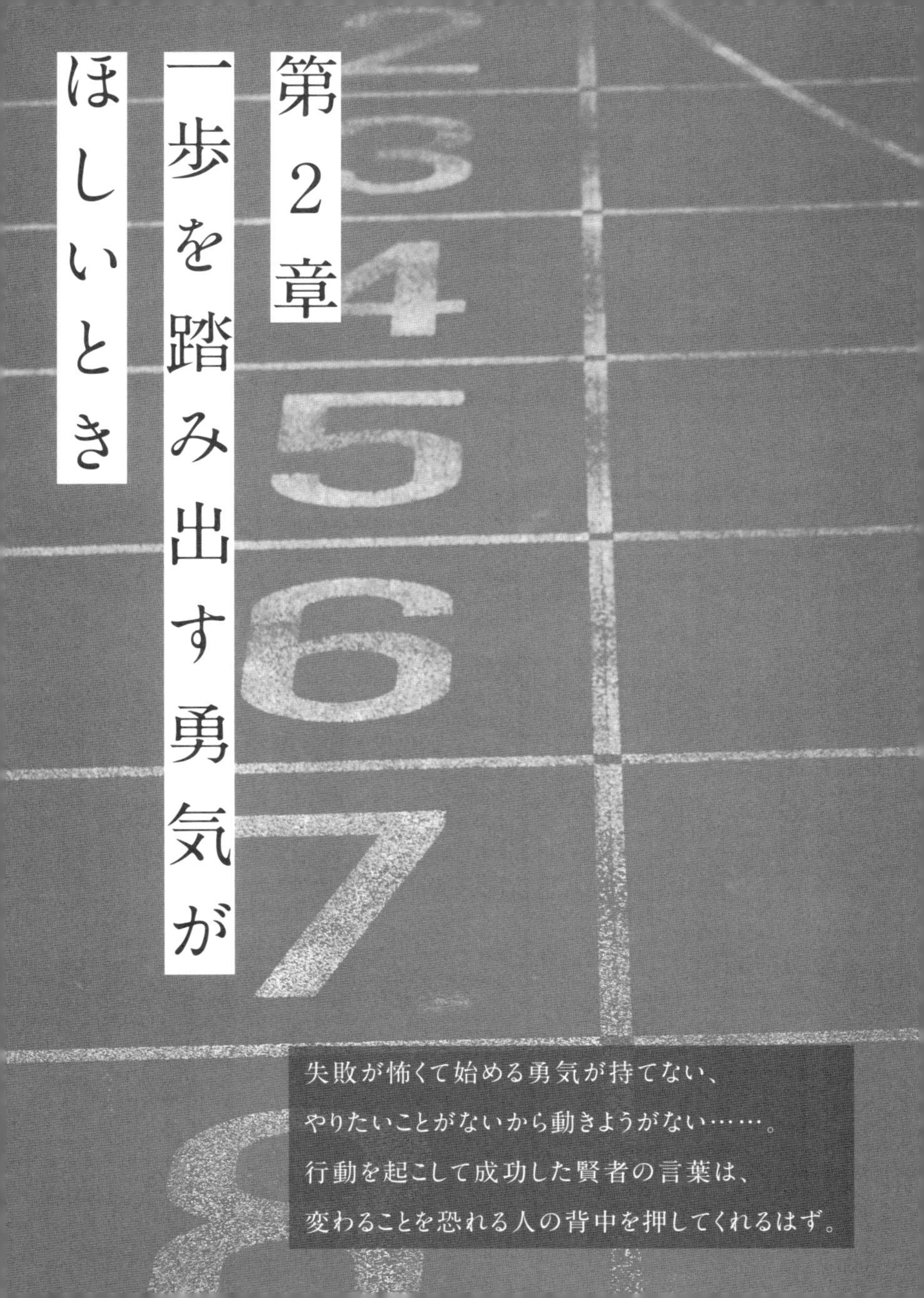

第2章 一歩を踏み出す勇気がほしいとき

失敗が怖くて始める勇気が持てない、
やりたいことがないから動きようがない……。
行動を起こして成功した賢者の言葉は、
変わることを恐れる人の背中を押してくれるはず。

私たちの行動は周りの状況からではなく、私たちの自身の選択によって決まる。

スティーブン・R・コヴィー

アメリカの経営コンサルタント／『7つの習慣・名言集』（キングベアー出版）

その火を飛び越して来い。その火を飛び越して来たら

三島由紀夫

作家／『潮騒』（新潮社）

裸を見られて恥ずかしくなった初江は、新治にも裸になるように言う。そして、「その火を飛び越して来い。その火を飛び越して来たら」と言い、飛び越して来た新治と初江は抱き合う……。若く純朴な漁夫と海女が、いくつもの障害を乗り越え、成就するまでを描いた純愛物語『潮騒』の名場面。最近では、NHKの連続テレビ小説『あまちゃん』の挿入歌「潮騒のメモリー」で知ったという人も多いだろう。勇気を出して火を乗り越えた先に、未来が開ける。

どんな道でも進まなければ山にたどり着かない。

ノルウェーのことわざ

失敗を恐れてはいけない。失敗にこそ成功の芽は潜んでいる。

柳井《やない》 正《ただし》

実業家／『一勝九敗』（新潮社）

目の前の山に登りたまえ。山は君のすべての疑問に答えてくれるだろう。

ラインホルト・メスナー

イタリアの登山家

もっとも堅固な決心は、もっとも有用な知識である。

ナポレオン・ボナパルト

フランスの軍人、政治家、皇帝

未来を語る前に、
今の現実を
知らなければならない。
現実からしか
スタートできない
からである。

ピーター・ドラッカー
アメリカの経営学者

妬みそねみを力に変えよう

隣の芝生は
青くて当然だ。
大事なことは
そこからどう思い、
どう動くかだ。
闘争心を持ち、
発奮することだ。

堀場雅夫
堀場製作所創業者

「隣の芝生は青い」は他人のものは何でもよく見えることで、錯覚だから気にするな、という意味でよく使われる。だが大企業を見ると、中小零細の社員はやはり嫉妬してしまう。それは人間の感情として当然だが、大切なのはそれをエネルギーに変えること。これぞ追いつき追い越せのベンチャー企業の心意気だ。

難しいからやろうとしないのではなく、
やろうとしないから難しいのだ。

ルキウス・アンナエウス・セネカ　ローマ帝国の政治家、哲学者、詩人

諸君にとってもっとも
容易なものから始めたまえ。
ともかくも始めることだ。

カール・ヒルティ
スイスの哲学者、法学者

目覚まし時計を
いつもより一時間だけ早く
セットして、朝一番に
出社してみてください。
それが自分を変える
第一歩になります。

長谷川和廣
コンサルタント／『仕事前の一分間であなたは変わる』(かんき出版)

今やれることを、
今やらなかったら、
一生やれない
ということなんだ。

大島渚
映画監督

カール・ヒルティ　スイスの医者の恵まれた家系に育ち、敬虔なクリスチャンとして知られる。人生や人間、愛などをテーマに、キリスト教的な倫理観をまとめた『幸福論』などの著書がある。

王の王たらざるは
為《な》さざるなり、
能《あた》わざるに非《あら》ざるなり。

孟子
古代中国の儒学者／『孟子』

王が王らしくないのは、できないのではなく、やろうとしないからだ。できないことを言い訳にせず、まずは一歩踏み出すこと、行動することが大切だ。

まず走り出せ！
問題は走りながら解決しろ！

島耕作のセリフ
漫画『課長島耕作』シリーズ、弘兼憲史《ひろかねけんし》（講談社）

「僕はずっと
山に登りたいと思っている。
……でも明日にしよう」。
おそらくあなたは、
永遠に登らないだろう。

ナポレオン・ボナパルト
フランスの軍人、政治家、皇帝

努力ってのは宝くじみたいなものだよ。
買っても当たるかどうかは
わからないけど、
買わなきゃ当たらない。

北野 武（ビートたけし）
お笑い芸人、映画監督

どこかに通じている大道《だいどう》を
僕は歩いているのじゃない。
僕の前に道はない。
僕の後ろに道は出来る。
道は僕のふみしだいて来た
足あとだ。
だから、道の最端に
いつでも僕は立っている。

高村光太郎
詩人、彫刻家／『道程』

夢は逃げない。
逃げるのはいつも自分だ。

高橋 歩
実業家／『毎日が冒険』（サンクチュアリ出版）

夢を求め続ける
勇気さえあれば、
すべての夢は
必ず実現できる。

ウォルト・ディズニー
アメリカのアニメ監督

あることを真剣に3時間考えて自分の結論が正しいと思ったら、3年かけて考えてみたところで結論は変わらない。

フランクリン・ルーズベルト アメリカの第32代大統領

石橋を完全に叩いてから、渡るか渡らんか決心しようなんて思っていたら、おそらく永久に石橋は渡らんことになるだろうと思います。

西堀栄三郎 探検家／『新版 石橋を叩けば渡れない』（生産性出版）

勇気を支える存在の大切さ

希望とは、もともとあるものともいえぬし、ないものともいえない。それは地上の道のようなものである。もともと地上には道はない。歩く人が多くなれば、それが道になるのだ。

中国の作家、思想家 **魯迅《ろじん》**

強い意志のもとに希望は生まれる。巨人・魯迅もたびたびくじけそうになったが、恩師の藤野厳九郎教授の写真を見て、たちまち勇気と意志を取り戻すことができたという。

魯迅は若き日に医者を志し、日本に留学し藤野の指導を受けた。藤野は親身に教え励まし、魯迅を感激させた。やがて魯迅は医学では悩める中国を救えぬと、文学への転向、帰国を決意する。だが藤野が失望することを恐れ、最後まで言い出せなかった。別れの日、藤野から渡されたのがその写真で、裏には「惜別」と書かれていた。

国や民族を問わず、人は人のために何かができる。心を通わせられる。そこに希望の道が生まれる。

西堀栄三郎（にしぼり・えいざぶろう） 昭和初期に活躍した化学者で登山家。第一次南極観測隊越冬隊長を務め、ネパール・マナスル登山の端緒を開いた。魔法びんの研究では特許も持つ。

不可能の反対は可能ではない。挑戦だ！

ジャッキー・ロビンソン　黒人初のメジャーリーガー

人生で
もっとも輝かしいときは、
いわゆる栄光のときではなく、
むしろ落胆や絶望のなかで、
人生への挑戦と
未来への完遂の展望が
わき上がるのを感じたときだ。

ギュスターヴ・フローベール
フランスの作家

初めに計画せよ、
しかる後に実行せよ。

モルトケ
プロイセン・ドイツの軍人、軍事学者

障子を開けてみよ。
外は広いぞ。

豊田佐吉
豊田自動織機創業者

熱望することはこの上もなく容易なのに、
志すことはなぜ、そんなに難しいのか。
熱望する際に必要なのは弱さであり、
志す際に必要なのは強さだからである。

リントネル　オーストリアの教育学者

1日延ばしは時の盗人である。

上田 敏《びん》
日本の評論家、詩人、翻訳家

まじめに努力して行くだけだ。
これからは、単純に、
正直に行動しよう。
知らない事は、
知らないと言おう。
出来ない事は、
出来ないと言おう。
思わせ振りを捨てたならば、
人生は、意外にも
平坦なところらしい。

太宰 治
作家／『正義と微笑』(『パンドラの匣』新潮文庫)

為せば成る
為さねば成らぬ 何事も
成らぬは人の 為さぬなりけり

上杉鷹山《ようざん》
米沢藩第9代藩主

失敗して、
前に進めない人には
2種類ある。
考えたけれど
実践しなかった人と、
実践したけど
考えなかった人だ。

ローレンス・ピーター
アメリカの教育学者、「ピーターの法則」の発見者／『世界の名言100』（総合法令出版）

考えるだけでも、実践するだけでもダメ。失敗しても、考えて行動した結果には価値があるというわけだ。彼は、出世するまでは人は極限まで能力を発揮するが、昇進するとやがて無能になるという「ピーターの法則」で有名。

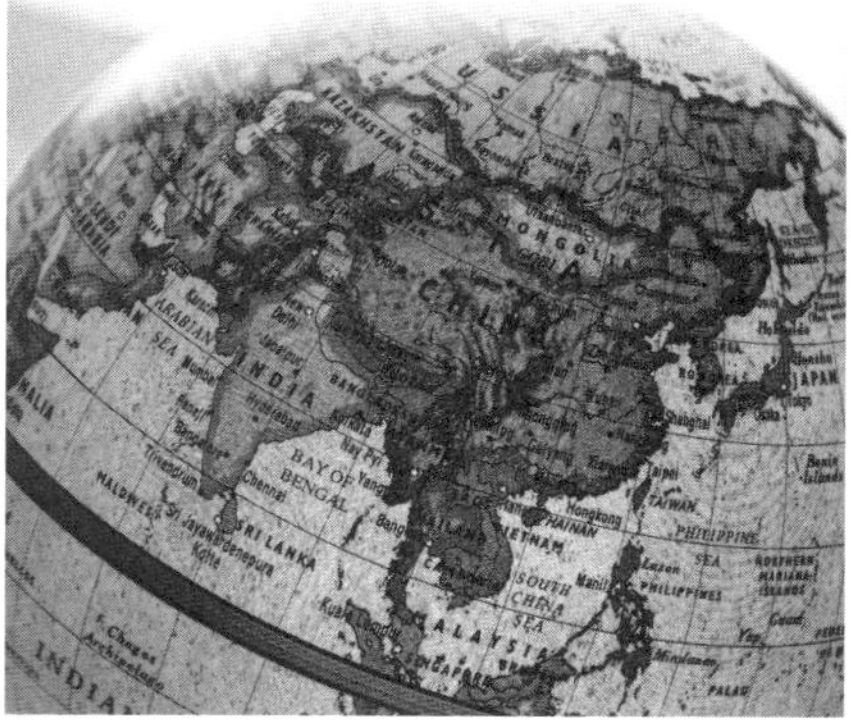

此《こ》の道を行けば
どうなるものかと
危ぶむなかれ
危ぶめば道はなし
ふみ出せば
その一足が道となる
その一足が道である
わからなくても歩いていけ
行けばわかるよ

清沢哲夫
宗教家、哲学者／『道』（『無常断章』法蔵館）

人生は自分で動かすものだ
これから死ぬまで
誰かに指図される人生で
君は幸せか？

島耕作のセリフ
漫画『課長島耕作』シリーズ、弘兼憲史《ひろかねけんし》（講談社）

モルトケ　ヘルムート・フォン・モルトケ伯爵は19世紀の軍人・軍事学者。参謀長として普墺戦争・普仏戦争などで母国を勝利に導き、ドイツ統一に貢献。「近代ドイツ陸軍の父」と呼ばれる。

進まざる者は必ず退き、退かざる者は必ず進む。

福澤諭吉
啓蒙思想家、教育者、慶應義塾大学創立者／『学問のすゝめ』

（世の中の物事は）進歩しない者は必ず退歩し、退かない者は必ず進歩する。つまり、人の道は進むか後退するかしかなく、留まることはない。行動しないことは現状維持ではなく後退なのだ。

それまでに経験した失敗は、人生観を見いだすための月謝と思えば、安いものだ。

堤 康次郎
西武グループ創業者

消極的に成功するよりは、積極的に失敗しよう。

鈴木健二
元NHKアナウンサー／『生きることは苦しくてもなお素晴しい』（大和出版）

モナ=リザは未完成だった!?

鉄は使わなければ錆《さ》びる。水は澱《よど》んでいれば濁り、寒空には凍ってしまう。ましてや怠惰でいれば気力さえも失われる。

レオナルド・ダ・ヴィンチ
イタリア・ルネサンスの芸術家

勤勉を謳《うた》う言葉だが、ダ・ヴィンチ自身の忸怩《じくじ》たる思いも感じる。完璧主義者である半面、飽きっぽい人でもあった彼は、実は気力を失い、途中で投げた仕事が少なくない。あの「モナ＝リザ」も眉毛がないことなどから未完成とする声もある。単に反省の弁かもしれない。それでも天才の評価は揺るがないが……。

一を聞いて十を知るよりも、一を聞いて一を実行に移すべきである。

鑑真
中国・唐代の僧、律宗の開祖

まず何よりも、変化を脅威ではなく機会としてとらえなければならない。

ピーター・ドラッカー
アメリカの経営学者

幸福は空から降ってくる物でも、誰かに与えられる物でもない。自分で作り出すものなのだ

アラン
フランスの作家、詩人、哲学者／『幸福論』

逃げちゃダメだ。
逃げちゃダメだ。
逃げちゃダメだ。

碇シンジのセリフ
アニメ『新世紀エヴァンゲリオン』

不決断こそ最大の害悪である。

ルネ・デカルト
フランスの哲学者、数学者／『方法序説』

誰もあなたの代わりに
行動してくれる人はいない。

オグ・マンディーノ
アメリカの自己啓発書作家、講演家

明日でも何とかなると思う馬鹿者。
今日でさえ遅すぎるのだ。
賢者はもう、昨日済ませている。

チャールズ・クーリー　アメリカの社会学者

事実がわかっていなくても
前進することだ。
やっている間に
事実もわかってくるだろう。

ヘンリー・フォード
アメリカの実業家、フォード・モーター創設者

仕事ができる人と
できない人の差は、
スタートダッシュの
差に過ぎない!

長谷川和廣
コンサルタント／『社長のノート』（かんき出版）

人は誰しも
いったん安定した世界に
身を置くと、
精神もそれにならって俗化し、
理想を忘れてだんだん
怠惰になっていくようだ。
青春時代に描いた
夢や理想とは、
かけはなれた生活を
しながらも、
自分を磨こうという
気持ちすら忘れ、
そのぬるま湯の心地よさに
いつしか慣れて、
満足に本も読まず、
堕落した生活を送るように
なっていくのである。

新渡戸稲造
教育者・思想家／『武士道』（岩波文庫）

新渡戸稲造（にとべ・いなぞう）　南部藩士の子に生まれ、札幌農学校に入学し、クラーク博士の導きでキリスト教徒になる。国際連盟事務次長などを努め、国際平和のために尽くした。

始めよ、さらば与えられん

大変な仕事だと思っても、まずは取りかかってしまいなさい。仕事に手をつけた、それで半分の仕事は終わったようなものです。

アウソニウス
4世紀のローマの詩人、著述家

広大な地中海世界を支配したローマ帝国。その市民は「パンとサーカス」（無償で与えられる食料と娯楽）を享受し、優雅で文化的な生活を送っていた。ただし、すべての人が遊び暮らしていたわけではない。詩・教育・政治と多方面で活躍したアウソニウスのような多忙な人もいた。日々仕事に忙殺されていた彼がつかんだ〝コツ〟がこのフレーズである。いちばん大事なのは「着手すること」。ごく単純な話だが、先延ばしやサボタージュの連続では事態は一歩も動かない。これは今も古代ローマも同じ。とにかく資料を広げ、机に向かい、始める。ローマは一日にして成らずだが、着手しなくては始まりようがないのである。

人《ひと》必死《ひっし》の地に入れば、心必ず決す。

横井小楠《しょうなん》
熊本藩士（肥後藩士）、儒学者

行動は必ずしも幸福をもたらさないかもしれないが、行動のないところに幸福はない。

ベンジャミン・ディズレーリ
イギリスの政治家、作家

やる気を起こさせるには、とにもかくにも「やり始める」のがいちばんだ。

小泉十三《じゅうぞう》
作家／『頭がいい人の習慣術』（河出書房新社）

それは世間が、ゆるさない。世間じゃない。あなたが、ゆるさないのでしょう？

太宰 治
作家／『人間失格』

四十歳は青年の老年期である、
五十歳は老年の青年期である。

ヴィクトル・ユーゴー　フランスの詩人、作家

ほんのすこしばかり
勇気に欠けていたために、
多くの才能ある人々が
一生功を成すことなく
終わっている。
思いきって着手する
勇気がなかったために
一生無名に終わった、
大勢の人間が
毎日墓場へ送られる。
こうした人々も
実行に取りかかる決断さえ
ついていれば、
おそらく名声を
あげていただろう。

シドニー・スミス　イギリスの詩人、作家、聖職者

心地よさは敵だ。

サラ・ロットマン　アメリカの経営者、ビジネスアドバイザー

ヴィクトル・ユーゴー　フランス・ロマン主義を代表する作家。政治家としても活躍するが、ナポレオンの強力な反対者だったためベルギーに亡命。この亡命中に『レ・ミゼラブル』を発表した。

神は我々に成功など望んでいません。
挑戦することを望んでいるのです。

マザー・テレサ　カトリック教会の聖人、修道女（ノーベル平和賞）

道は近しといえども
行かざれば至らず。
事は小なりといえども、
為さざれば成らず。

荀子　古代中国の思想家、儒学者

目標を達成するまでの道がたとえ近いものであっても、まず足を踏み出さなければ、たどり着くことはできない。物事がどんなに小さなことであっても、始めなければ完成しない。まずは、一歩を踏み出そう。

今日始めなければ、
明日には終わらない。

ゲーテ　ドイツの詩人、劇作家、自然科学者
挑戦
をあきらめてしまうこと以外に、
敗北などない。
自分自身の心の弱さ以外に、
乗り越えられない障害など
ないのである。

エルバート・ハバード　アメリカの思想家、作家、教育者
梨の実の味が知りたいのなら、
自分の手でもぎ取って
食べてみなければならない。
本物の知識というものは
すべて、
直接体験する中で生ずる。

毛沢東　中国共産党の創立党員のひとり
人間の運命は
人間の手中にある。

サルトル　フランスの哲学者、作家

天才とは
1パーセントのひらめきと
99パーセントの努力だ。

トーマス・アルバ・エジソン　アメリカの発明家

女性よ、自立しなさい。
自分の足で立ちなさい。

フローレンス・ナイチンゲール
イギリスの看護師

乗りかけた船には、
ためらわずに乗ってしまえ。

イワン・ツルゲーネフ
ロシアの作家

今の大会社に行こうと思うな。未来の大会社に行きなさい。

邱永漢《きゅうえいかん》
作家、実業家、経済評論家

自分を信じて精進を重ねる

今日いい稽古をしたからって明日強くなるわけじゃない。でも、その稽古は2年先、3年先に必ず報われる。自分を信じてやるしかない。大切なのは信念だよ。

九重親方（千代の富士）
元横綱／『賢人たちに学ぶ 道をひらく言葉』本田季伸（かんき出版）

現役時代の親方は、力士として恵まれた体躯でなかったが、不屈の闘志でこれを補い、昭和の大横綱となった。その稽古量は凄絶だった。本場所で敗れると、その相手の部屋へ出稽古に向かうなど、研究も怠らなかった。並外れた努力を支えていたのが、己を信じる心だ。素質に勝るものは日々の精進といえよう。

人々は
見る覚悟のあるものだけしか、
見ることができない。

ラルフ・ウォルドー・エマーソン
アメリカの思想家、作家、詩人

試みのないところに、
成功のあったためしは
決してない。

ホレーショ・ネルソン
イギリス海軍提督

前途は遠い。
そして暗い。
しかし恐れてはならぬ。
恐れない者の前に道は開ける。
行け。勇んで。
小さき者よ。

有島武郎
作家／『小さき者へ』
（『小さき者へ・生まれいずる悩み』岩波文庫）

荀子（じゅんし） 中国・戦国時代の趙国出身の儒家。孟子の性善説に対して、性悪説を唱える。ただし、その思想は、努力を積み重ねていけば、人は善にもなれる、徳化できるというものである。

船は港に泊まっていれば
安全である。しかし、
それでは船の用をなさない。

ウィリアム・シェッド
アメリカの宗教学者

新しいことを始めるときに
いちばん大切なことは、
それを成し遂げたいという
情熱です。

スティーブ・ジョブズ
アップル社の共同設立者、実業家、作家、教育者

もし、あなたが
成功したいのであれば、
踏みならされ受け入れられた
成功の道を進むのではなく、
新たな道を切り開きなさい。

ジョン・ロックフェラー
アメリカの実業家

人間はみんな変わる。
伸びてゆく者もあり
外れたり倒れたり
する者もある。
決して同じ状態に
停っていることはない。
しかも人間は
いつも変わらない
状態を求める。

山本周五郎
作家／『火の杯』(新潮文庫)

生きることは
呼吸することではない。
行動することだ。

ジャン・ジャック・ルソー
フランスの哲学者

求めよ、さらば与えられん。
探せよ、さらば見つからん。
叩けよ、さらば開かれん。

『新約聖書～マタイによる福音書』

出る杭は打たれるが、
出すぎた杭は誰も打てない。
出ない杭、出ようとしない杭は、
居心地はよいが、そのうちに腐る。

堀場雅夫　堀場製作所創業者

いま曲がり角にきたのよ。
曲がり角を
まがったさきに
なにがあるのかは、
わからないの。
でも、きっと
いちばんよいものに
ちがいないと思うの。

ルーシー・モード・モンゴメリ
カナダの作家／『赤毛のアン』村岡花子訳（新潮社）

人生は振り返らなければ
理解できないが、
前を向かなければ
進んで行かない。

キルケゴール
デンマークの哲学者、宗教思想家

いかなる犠牲、
いかなる危険を伴おうとも、
すべての危険の中で
もっとも大きな危険は、
何もしないということである。

ジョン・F・ケネディ　アメリカの第35代大統領

使命感が成し遂げた快進撃

人間とは本来
弱いものだ。
だが、
信念とか使命感で
行動するときは、
なぜか果てしなく
強くなる。

中内 功
ダイエー創業者

戦後最大の成功経営者にして失敗経営者。毀誉褒貶《きよほうへん》あるが、人間味溢れる人物だったことは確かだろう。高度経済成長期で大躍進を遂げた中内ダイエーの原動力は「価格は消費者が決める」という安売りへの信念と、流通革命への使命感だった。信念と使命感は今も昔も現状突破を図る経営者が必ず備えるものである。

決断しないことは、しばしば間違った行動よりも悪い。

ヘンリー・フォード　アメリカの実業家、フォード・モーター創設者

人間は、二通りしかいない。成功者と失敗者ではない。成功も失敗もする人と、成功も失敗もしない人である。

中谷彰宏
作家、俳優、実業家

他人が自分より優れていたとしても、それは恥ではない。しかし、去年の自分より今年の自分が優れていないのは立派な恥だ。

ジョン・ラボック
イギリスの銀行家、政治家、生物学者、考古学者

事を行うにあたって、いつから始めようか、などと考えているときには、すでに遅れをとっているのである。

マルクス・ファビウス・クインティリアヌス
古代ローマの雄弁家、修辞学者

失敗は問題だ。しかし、成功しようとしないのは、もっと問題である。

セオドア・ルーズベルト
アメリカの第26代大統領

待つことを知る者には、万事が適当なときにくる。

フランスのことわざ

ここを渡れば人間世界の悲惨、渡らなければわが破滅。さあ進もう、神々の待つところへ、卑劣な敵が呼んでいるところへ。賽《さい》は投げられた。

ユリウス・カエサル
古代ローマの軍人、政治家

元老院に逆らって出兵したカエサル（ガリア総督）が、北イタリアのルビコン川を渡る際に発した言葉。ルビコン川から南へ軍を進めることは、法で禁止されており、これを破ることはローマへの反逆とみなされた。生き残るにはもう勝利しかない。退路を断って前進する、カエサルの勇気を見習おう。

キルケゴール　19世紀の哲学者、宗教思想家で、ヘーゲル哲学の影響を受けるが、その思弁的合理主義に反対して主観主義の立場をとる。現代の実存哲学や弁証法神学に大きな影響を与えた。

才能はひとつとは限らない

興味があるからやるというよりは、やるから興味ができる場合がどうも多いようである。

寺田寅彦
物理学者、随筆家、俳人

物理学者の寺田は文豪・夏目漱石の弟子でもあった。漱石の『三四郎』に登場する野々宮（三四郎の同郷の先輩で研究者）は寺田がモデルとされる。寺田は漱石の薫陶を受け、随筆家や俳人としても評価される異色の学者となった。人間にはいろいろな可能性が眠っている。畑違いと敬遠せず、異分野にも目を向けたい。

難しい仕事から始めなさい。簡単な仕事は勝手にかたづくでしょう。

デール・カーネギー　アメリカの教育者、自己啓発作家

道の道とすべきは常の道に非ず。

老子
古代中国の思想家

大切な道というのは、常識のなかにはない。普段とは違った道、人とは異なる道、非常識にこそ求める生き方があるということだろう。

仕事のやる気が出ないときは、迷わず机を掃除せよ。

裴英洙《はいえいしゅ》
医師／『なぜ、一流の人は「疲れ」を翌日に持ち越さないのか』（ダイヤモンド社）

自分にできないと考えている間は、本当はそれをやりたくないと心に決めているのだ。

スピノザ
オランダ生まれのユダヤ人哲学者

君は僕のできないことをしてください。
僕は君のできないことをしてあげますから。

永 六輔

放送作家、作詞家／『「気楽に生きる知恵」―無名人語録』（ゴマブックス）

死と同じように避けられないものがある。
それは生きることだ。

チャールズ・チャップリン

イギリスの喜劇俳優、映画監督／『ライムライト』

天使とは、美しい花をまき散らす者ではなく、苦悩する者のために戦う者である。

フローレンス・ナイチンゲール

イギリスの看護師

賢い者はチャンスを見逃さない。
しかし自ら、それ以上のチャンスをつくる。

フランシス・ベーコン

イギリスの哲学者、神学者、法学者／『随筆集』

人生は往復切符を発行していない。
一度出発したら二度と帰ってはこない。

ロマン・ロラン

フランスの作家（ノーベル文学賞）／『魅せられたる魂』

よい思想も実行しなかったら、よい夢と同じである。

ラルフ・ウォルドー・エマーソン

アメリカの思想家、作家、詩人

成功の反対は失敗ではなく、挑戦しないことである。

不明

出典は不明だが、登山家の栗城史多やサッカーの元日本女子代表監督の佐々木則夫なども、「成功の反対は失敗ではなく〝やらないこと〟だ」とコメント。結果を怖れず、まずは挑戦しよう。

ロマン・ロラン　高等師範学校で歴史学を専攻し、パリ大学の教授を努めた。その後、作家となり、『ジャン・クリストフ』などを発表。反ファシズムを掲げて戦争反対を世界に叫び続けた。

人生を危険にさらせ。

フリードリヒ・ニーチェ　ドイツの哲学者

成果をあげる者は、
新しい活動を始める前に
必ず古い活動を捨てる。

ピーター・ドラッカー　アメリカの経営学者

ひとりでは何もできぬ。
しかし、まず誰かが
始めなければならぬ。

岸田國士《くにお》　小説家、劇作家、評論家、演出家、翻訳家

基本である1、2、3を
きちんと練習しないで、
いきなり4とか5をやるな。

ジャイアント馬場　プロレスラー

戦いは一日早ければ一日の利益がある。まず飛び出すことだ。思案はそれからでいい。

高杉晋作　長州藩士

人生は見たり・聞いたり・試したりの3つの知恵でまとまっているが、多くの人は見たり・聞いたりばかりでいちばん重要な試したりをほとんどしない。

本田宗一郎　ホンダの創業者

人間、最後に笑う者が勝ちだ。おまえは、まだスタートラインにも並んでない！（あきらめるのは）まだ早い。学校をでて社会にでた時がスタートだ！

両津勘吉のセリフ
漫画『こちら葛飾区亀有公園前派出所』秋本治（集英社）

今日があることの大切さ

もし今日が人生最後の日だったら、今やろうとしていることは本当に自分がやりたいことだろうか？

スティーブ・ジョブズ
アップル社の共同設立者、実業家、作家、教育者

ＩＴの革命児・ジョブズ。功績が讃えられる半面、気に食わない部下をあっさり解雇した、やりたい放題の性格でも有名だ。そんな彼は問いかける。君は自己実現できているか？　やりたくないことをやっているのではないか？　人生最後の日でもそれを続けるのか？　これは天才ジョブズだからいえる言葉かもしれない。だが、人生最後の日が「いつ来るかわからない」という点では彼も我々も同じだ。もしかしたら明日かもしれない。彼も56歳で死ぬとは思っていなかっただろう。すべての人にとって日々流れる時間とは、掛け替えのない瞬間なのである。だから毎日を悔いなく生きて欲しい。そんなメッセージも感じられる。

フリードリヒ・ニーチェ　ギリシア哲学やショーペンハウアーなどの影響を受け、鋭い批評眼で西洋文明を革新的に解釈した人物。「実存主義の先駆者」「生の哲学の哲学者」などといわれる。

勝負において、奇をてらうような手に、いい手はない。いい手というのは本当は地味な手である。

大山康晴　プロ棋士

疑わずに最初の一段を登りなさい。階段のすべてをみなくてもいい。とにかく最初の一歩を踏み出すのです。

マーティン・ルーサー・キング・ジュニア　アメリカの牧師

身初心なるを顧《かえり》みることなかれ

道元　鎌倉時代の禅僧、曹洞宗の開祖／『正法眼蔵随聞記』

経験や知識がないからといって気後れすることはない。この世のすべてを修行と考え、困難から逃げずに行動に移せという激励とも解釈できる。

人の命は一時、学問の道は永遠

明日死ぬかのように生きよ。永遠に生きるかのように学べ。

マハトマ・ガンジー　インドの独立運動家、弁護士

「四季には順序があるが死期には順序がない」（吉田兼好）というように、人の死期は定かでなく、命は永遠でない。だから今日という日を大切に生きたい。一方、学ぶこと、知ることは、これでおしまい、という区切りがないものだ。「少年老い易く学成り難し」という真理をかみしめ、永遠に、貪欲に学ぶ姿勢を持ち続けたい。

君は山を呼び寄せる男だ。
呼び寄せて来ないと怒る男だ。
地団駄を踏んで
くやしがる男だ。
そうして山を悪く批判する
事だけを考える男だ。
なぜ山の方へ歩いて行かない。

夏目漱石
作家、評論家、英文学者／『行人』

時と潮流は人を待たない。

ウォルター・スコット　イギリスの詩人、作家／『ナイジェルの富』

一匹の人間が持っている
丈《だけ》の精力を一時に傾注すると、
実際不可能な事は
なくなるかも知れない。

森 鷗外
作家／『雁』

仕事は探してやるものだ。
自分が創り出すものだ。
与えられた仕事だけを
やるのは雑兵だ。

織田信長
戦国武将

自分の力を信じて進もう

「できるか」と
聞かれたら、すぐに
「もちろん」と答える
こと。それから
懸命にやり方を
見つければいい。

セオドア・ルーズベルト
アメリカの第26代大統領

安請け合いは基本的には良くない。ただしこれも状況次第だ。特に上司が信頼できる場合は受けるべき。難題だったとしても、「あなたならできる」と確信があってこそ、上司も依頼したはずだからだ。仕事には得手不得手があって当たり前。あきらめず必死で取り組んでみると、不思議にできるものなのだ。

高く登ろうと思うなら、
自分の脚を使うことだ！
高いところへは、
他人によって
運ばれてはならない。
ひとの背中や頭に
乗ってはならない！

フリードリヒ・ニーチェ
ドイツの哲学者／
『ツァラトゥストラはこう言った』（岩波文庫）

マーティン・ルーサー・キング・ジュニア　キング牧師。奴隷解放宣言後も続く人種差別に対し、全米各地で公民権運動を展開。非暴力主義を貫き、ベトナム反戦運動にも関与し、暗殺される。

私たちのすることは
大海の一滴に
すぎないかも
しれませんが、
その一滴の水が
集まって
大海となるのです。

マザー・テレサ
カトリック教会の聖人、修道女（ノーベル平和賞）

頭はクールにハートは熱く。

美輪明宏　歌手、俳優、演出家

一言ぐらいしかセリフがなくても、僕がステージの隅っこにいることにも、それなりに意味はある。

高木ブー　コメディアン、ミュージシャン

前進しないものは後退していく。

ゲーテ
ドイツの詩人、劇作家、自然科学者

人間は停滞してはならない。停滞は一種の死だからである。

ダライ・ラマ14世
チベット仏教の最高指導者（ノーベル平和賞）

真の欲求なくして真の満足はない。

ヴォルテール
フランスの哲学者、作家、歴史家

卵を割らなければ、オムレツは作れない。

ロバート・ロッセン
アメリカの映画監督／『オール・ザ・キングスメン』

前に進めるのは、何事もひとりで始める人です。他の人と旅をしようとすれば、その人が準備するのを待たねばならず、結局、始めるまで長い日々を無駄に過ごすことになるでしょう。

ヘンリー・デイヴィッド・ソロー
アメリカの作家、思想家、詩人、博物学者／『ウォールデン 森の生活』（岩波文庫）

人生はすべて実験である。実験の数は多ければ多いほどよい。失敗したら、もう一度起き上がればよい。転んだって何ともない。

ラルフ・ウォルドー・エマーソン
アメリカの思想家、作家、詩人

「明日は、明日こそは」と、
人は人生を慰める。
この「明日」が、
彼を墓場に送り込むその日まで。

イワン・ツルゲーネフ　ロシアの作家

“明日ではなく今を生きろ”という名言は多い。伝染病や戦争などで人があっけなく死ぬ時代であったことを理解すると、その必死さがわかるだろう。

多忙とは怠け者の遁辞《とんじ》である。今日なすべきことを今日しなかったら、明日は必ず多忙である。

徳富蘇《そ》峰《ほう》　評論家

思い悩むより「行動」せよ

悔いるよりも、今日直ちに決意して、仕事を始め技術をためすべきである。何も着手に年齢の早い晩《おそ》いは問題にならない。

吉田松陰　長州藩士／『講孟箚記《こうもうさっき》』（講談社学術文庫）

早咲き、遅咲きの言葉があるように、人が花を咲かせる時期もそれぞれである。18歳で代表作『悲しみよこんにちは』をものしたフランソワーズ・サガンのような作家もいれば、75歳で初めて絵筆をとり、80歳で個展を開いたグランマ・モーゼスのような画家もいる。日本では60歳で起業して成功した出口治明などの例がある。

松陰は早熟タイプで、明倫館《めいりんかん》（長州藩の藩校）の師範になったのは19歳のとき。以後、防衛問題や教育に取り組み、全国を駆け巡った。困難を恐れず、信じる正義のもとに行動・実践することを重視した。29歳で刑死する短い生涯だったが、その遺志は維新志士に受け継がれた。

ロバート・ロッセン　ポール・ニューマン主演の『ハスラー』などの作品の監督で知られる。貧民家庭で育ちながらも大学を卒業。硬派な作品を残し、ハリウッド映画の発展に貢献した。

改革に成功した理由は「執念」

**物事を始めるチャンスを、
私は逃がさない。
たとえマスタードの
種のように小さな
始まりでも、芽を出し、
根を張ることが
いくらでもあるのです。**

フローレンス・ナイチンゲール
イギリスの看護師

ナイチンゲールは、近年大きくイメージが変わった偉人のひとり。彼女の名声を高めたのはクリミア戦争（1853〜1856）での従軍看護だが、実際に従軍看護師として活動したのは2年だけ。戦後、死去するまでの約50年はほとんど自宅に籠もり、徹底的な戦争看護の検証と医療の抜本的改革に取り組んだ。膨大なデータを駆使した資料を作成し、近年は統計学の先駆者としての評価も高い。また女王の威を活用するなど政治工作も厭わず、医療・看護体制を改革し、近代化を進めた。多くの兵が病院で死ぬのを目の当たりにした彼女は、「人を救う」ための執念の鬼と化していた。どんなチャンスも見逃さないのは当然だった。

**重いものをみんな棄《す》てると
風のように歩けそうです。**

高村光太郎
詩人、彫刻家／『人生』

**時間の価値を知らない者は、
生まれながらに
栄光には向いていない。**

ヴォーヴナルグ
フランスのモラリスト

したことの後悔は、
日に日に
小さくすることが出来る。
していないことの後悔は、
日に日に大きくなる。

林 真理子　作家／『生き方名言新書1 林真理子』（小学館）

出《い》ずれば生、入れば死。

老子 古代中国の思想家

世の中の常識から外れるならば、人は自由に生きられる。反対に常識にとらわれると死んだも同然だ。つまり、停滞は死であり、行動・革新こそが生であると解釈できる。

できることでもできぬと思えばできぬ。できぬと見えてもできると信ずるがためにできることがある。

三宅雪嶺《せつれい》 思想家、評論家／『世の中』

世界を動かそうとする者は、まず自ら動け。

ソクラテス 古代ギリシアの哲学者

働きの喜びは、自分でよく考え、実際に経験することからしか生まれない。

カール・ヒルティ スイスの哲学者、法学者

お前達の前途が、どうぞ多難でありますように……。多難であればあるほど、実りは大きいのだから。

檀一雄 作家、作詞家

小さい夢は見るな。それには人の心を動かす力がないからだ。

ゲーテ ドイツの詩人、劇作家、自然科学者

ぐずぐずしている間に、人生は一気に過ぎ去っていく。

ルキウス・アンナエウス・セネカ ローマ帝国の政治家、哲学者、詩人

少年老い易く、学成り難し、一寸の光陰軽んずべからず。

作者不詳 朱子・五山派禅僧説などあり

若いうちは、まだまだ先が長いと思い必死になって学ぶことに身が入らないかもしれない。しかし、年月はすぐに過ぎ去ってしまい、学問を修めることは難しい。わずかな時間も無駄にせず、今できることから始めよう。

ゲーテ　18～19世紀のドイツの文豪。3歳から初等教育を受け、若くして6ヵ国語を習得。当初は弁護士となるが、やがて文学活動に専念する。自然科学者、政治家、法律家でもある。

「大志を抱け」を有言実行したクラーク博士

少年よ、大志を抱け。

ウィリアム・スミス・クラーク

アメリカの教育者

アメリカの教育者・クラークは、明治初期に設立された札幌農学校の初代教頭となった。滞在期間は約8ヵ月だったが、キリスト教精神と科学教育の薫陶を与え、その後の農学校発展の土台作りに功があった。

別れの日、クラークが学生たちに贈った名言が、有名な「Boys be ambitious」だ。ただこの言葉にはさまざまな〝異説〟がある。

教え子の大島正健が50年後に書いた記事によれば、クラークは一人ひとりと握手したあと馬に乗り「青年よ、この老人の如く大志を抱け」と叫ぶなり鞭を馬腹に当て去ったという。他の証言にも「この老人の如く」と言った、とするものがある。

だが大島がさらに10年後に書いた記事には、「この老人の如く」の文言はなく、ただ馬上で「Boys be ambitious」と叫んで去った、と記すのみだ。その後、この言葉は「青年よキリストを求めんと望みを高く持て」「青年よ人間として当然なすべき事をすべて達成せんと望め」などいろいろな説が生まれた。結局真相は不明だが、現代ではもっともシンプルな表現が普及している。

ところで帰国後のクラークは、「この老人の如く」を裏付けるような人生を歩んでいる。教育から離れ、全財産を賭けて鉱山の投機事業に乗り出したのだ。だが結果は大失敗に終わり、晩年は恵まれなかった。「ambitious」は「野心的な」とも訳されるが、現在では「青年よ、この老人の如く野心を持て」という解釈が正しいとする研究者もいる。

第3章 大きな壁にぶつかったら

自分の実力不足を感じたり、
失敗に尻込みしたり……同じように苦しみ、
乗り越えた賢者の言葉を知れば、
心が軽くなり、
すくんだ足を前に動かす力をもらえるだろう。

人生でおかす最大のミスは、ミスをするのではないかといつも恐れていることである。

エルバート・ハバード
アメリカの思想家、作家、教育者

不運が続くと思ったら、虚心になって変化を目指せ。不運を幸運に変える要諦は、これしかない。

大山康晴
プロ棋士

失敗の連続の人生でも、何もしない人生よりは役に立つだけでなく尊敬される。

バーナード・ショー
アイルランドの作家（ノーベル文学賞）、政治家、教育家

間違ったことをして、それに苦しむことのできない人間ほど、何度も間違ったことを繰り返す。

ラ・ロシュフコー
フランスのモラリスト、著述家

自分の命を打ちこむことのできる仕事を持っている者は幸福である。

九条武子
教育者

人生の道草を悔やまない

5年道草をくったら、5年遅く生まれて来たと思うのだ。

吉川英治
作家

すごろくで「1回休み」があるように、人生には落第、浪人、留年など、足踏みを余儀なくされる場面が少なくない。気がつけば後続に追い抜かれ、臍《ほぞ》を噛む思いをすることもある。だがいつまでも道草をくったことを悔やんでも仕方がない。結局、人生は気の持ちようでいくらでも変わるのだから、切り替えていけば良いのである。

この世でいちばん遠い場所は
自分自身のこころである。

寺山修司
劇作家、詩人／『寺山修司名言集――身捨つるほどの祖国はありや』

束縛があるからこそ、
私は飛べるのだ。
悲しみがあるからこそ、
私は高く舞い上がれるのだ。
逆境があるからこそ、
私は走れるのだ。
涙があるからこそ、
私は前に進めるのだ。

マハトマ・ガンジー
インドの独立運動家、弁護士／『遺言詩』

恐れを知る者は、
真の大勇者なり。

アーサー・ウェルズリー
イギリスの軍人

弱虫は幸福をさえ
おそれるものです。
綿で怪我をするんです。
幸福に傷つけられることも
あるんです。

太宰 治
作家／『人間失格』

人生とは嵐が過ぎ去るのを
待つことではない。
雨の中で、どんなふうに
ダンスするかを学ぶことだ。

ヴィヴィアン・グリーン
アメリカの歌手

こころが疲れてしまったら
澄みきった青空を見上げなさい
さわやかな大空を吹き抜ける風になりなさい。

葉祥明
絵本作家／『風にきいてごらん』(大和書房)

健全なる精神は
健全なる肉体に宿る。

デキムス・ユニウス・ユウェナリス
古代ローマの風刺詩人

「大欲を抱かず、健康な身体に健全な精神が宿るように祈らなければならない」などと解釈される。しかし、本来は、若者が身体ばかりを鍛え、学ぶことを疎かにしているのを知って嘆いたユウェナリスが発した言葉といわれる。健全な肉体、健康な身体とは、鍛えられた身体ではない。欲にまみれた生活を改めた肉体にこそ、さまざまな誘惑を退け、知恵が身につく勇敢な精神が宿るというわけだ。

大山康晴（おおやま・やすはる） 十五世名人ほか5つの永世称号を保持した将棋棋士。終盤での強靭な粘りや、あえて相手の悪手や疑問手を誘う手を指すことでも知られる。

知らぬ道 知ったふりして 迷うより
聞いて行くのが ほんの近道

道歌（教訓歌）

この世で生き残る生物は、
もっとも頭の良い生き物でも、
もっとも強い生き物でもなく、
もっとも変化に
対応できる生き物だ。

小泉純一郎
第87・88・89代内閣総理大臣

所信表明演説の一部。ダーウィンの進化論からの引用というが、実はそのような言葉は確認されていない。

苦しみを恐れる者は、
その恐怖だけで
すでに苦しんでいる。

ミシェル・ド・モンテーニュ
フランスの哲学者、思想家

まず、今いる場所（会社）で、
とことん勉強することです。
安い給料でもかまいません。
雑用でもかまいません。
その仕事を極めるのです。
本物の成功を手にしたければ、
まずは今いる会社で
自分の価値を高めたほうが、
将来的にはトクなのです。
あなたの望んだ職業なら、
仕事の内容そのものを
授業として
考えることができます。

土井英司
著述家／『「伝説の社員」になれ！成功する5％になる秘密とセオリー』（草思社）

無知は無罪にあらず
有罪である。

ロバート・ブラウニング
イギリスの詩人／『宿屋アルバム』

壁にぶち当たり、知識や実力不足を感じ、落ち込むことがあるだろう。一方で、自分が無知でも、他人に迷惑をかけていないならいいじゃないか、と開き直る気持ちもある。ただ、現実には「知らなかった」では済まないこともある。知っていれば防げることも多いのだ。壁を乗り越えるには、まず自分の無知を自覚することから始めよう。

悲しみや不幸や災難にあって、
身も心も
荒れ果てているときは、
何か作業を見つけて、
頭も手足も休ませずに
一心に打ち込むことだ。

デール・カーネギー
アメリカの教育者、自己啓発作家

逃げれば逃げるほど
恐怖感はつのるものです。
「そんな難しいことはできない」
という前に、
まずやってみることです。
結論はそれからでも
遅くありません。

ラルフ・ウォルドー・エマーソン
アメリカの思想家、作家、詩人

私は失敗したことがない。
ただ、1万通りの
うまくいかない方法を
見つけただけだ。

トーマス・アルバ・エジソン　アメリカの発明家

成功の美酒は勝利者を惑わす

成功は最低の教師。
優秀な人間を
たぶらかして、
失敗などありえないと
思い込ませてしまう。

ビル・ゲイツ
アメリカの実業家、マイクロソフト
共同創業者／『ビル・ゲイツ
未来を語る』（アスキー）

マイクロソフトは大きな成功とともに、インターフェースやｗｅｂ事業で大きな失敗を繰り返してきた企業でもある。だがビル・ゲイツは「間違いから多くのことを学んだ」とし、失敗しても「いち早くそれに気づけた」ことがマイクロソフトの強みという。彼は貪欲な経営者として知られるが、もっとも恐れていたのは自己満足だ。多くのベンチャー創業者は金と名声を得た途端、ダメになっている。使命感、事業意欲を喪失するほか、万能感から錯覚も起こしやすくなるためだ。ゲイツはその錯覚に陥った企業の代表としてＩＢＭを挙げている。今は一線を退いたが、現役時代はどんなに財産を築いてもハングリー精神を貫いた。

ロバート・ブラウニング　19世紀に活躍した詩人で、代表作に長編劇詩『ピッパが通る』がある。夏目漱石や芥川龍之介が好んだ詩人で、彼らの作品の一部のモチーフにもなっている。

希望を持たない人は失望することもない。

バーナード・ショー　アイルランドの作家（ノーベル文学賞）、政治家、教育家
己《おの》が分《ぶん》を知りて、
及ばざる時は速やかに止むを、
智というべし。
許さざらんは、人の誤りなり。
分を知らずして強いて励むは、
己れが誤りなり。

吉田兼好　中世の歌人・随筆家・遁世者／『新訂 徒然草』（岩波文庫）

自分の分を知り、これ以上は無理だと思ったときはすぐに中止するのが人間の知恵である。過ちを許さないこと、分を超えて励むことは間違いである。あるがままの生き方を良しとした兼好らしい言葉だが、人は困難に挑戦するなかで成長する生き物である。時には自分を許すことも必要だが、何でもすぐにあきらめるのが良いとは限らない。要はバランスが大切なのだ。
自分の限界がどこにあるか
発見するためには、
自分の限界を超えて、
不可能だと
思われるところまで
行ってみる他はない。

アーサー・C・クラーク　イギリスのSF作家
人は常に前へだけは進めない。
引き潮あり、差し潮がある。

フリードリヒ・ニーチェ　ドイツの哲学者
すべてが失われようとも、
未来はまだ残っている。

クリスチャン・ボヴィー　アメリカの作家、弁護士
不遇はナイフのようなものだ。
刃をつかめば手を切るが、
取っ手をつかめば役に立つ。

ハーマン・メルヴィル　アメリカの作家

小心な人間は危険の起こる前に恐れる。臆病な人間は危険の起こっている間に恐れる。大胆な人間は危険が去ってから恐れる。

ジャン・パウル　ドイツの作家

朝の来ない夜はない。

吉川英治
作家

いま何がないかより、いま何があるかで発想しよう。

斎藤茂太
精神科医／『精神科医が選んだ「心が元気になる言葉」』和田秀樹（新講社）

転んだらいつでも、何かを拾いなさい。

オズワルド・アベリー
アメリカの医師

雑草とは何か？それはその美点がまだ発見されていない植物である。

ラルフ・ウォルドー・エマーソン
アメリカの思想家、作家、詩人

俺は何度も何度も失敗した。打ちのめされた。それが、俺の成功した理由さ。

マイケル・ジョーダン
元プロバスケットボール選手（NBA選手）

心に沁みるお大師さんの知恵

心暗きときは、即ち遇《あ》う所ことごとく禍《わざわい》なり、眼明らかなれば、即ち途に触れて皆宝なり。

空海
真言宗開祖

気持ちが落ち込むと、見る世界すべてが災いや不安に満ちたものに見えてしまう。だが心が清く澄んでいれば、同じ世界でもすべてが宝となる。人間は現実が思い通りにいかないと、他人や世間のせいにしてしまいがちだ。しかし、結局、不安や迷いは自分の心の中にある。心を穏やかにすれば違う世界が見えてくる。

バーナード・ショー　当初は音楽評論家のゴーストライターを務め、36歳で『やもめの家』で劇作家としてデビュー。イギリス近代演劇の確立者として知られる一方、社会主義活動にも傾倒。

何も咲かない寒い日は、
下へ下へと根を伸ばせ。
やがて大きな花が咲く。

高橋尚子の座右の銘　元マラソン選手（五輪・金メダリスト）

諦めんなよ！
諦めんなよ、お前!!
どうしてそこでやめるんだ、
そこで!!
もう少し頑張ってみろよ！
ダメダメダメ！
諦めたら！
周りのこと思えよ、
応援してる人たちのこと
思ってみろって！
あともうちょっとの
ところなんだから！

松岡修造　元プロテニス選手

自由で創造的に生きよ

脱皮できない蛇は滅びる。意見を脱皮していくことを妨げられた精神も同じことである。それは精神であることをやめる。

フリードリヒ・ニーチェ
ドイツの哲学者／『曙光』

ニーチェの思想の根底に流れるのは非常にシンプル。それは「既存の価値観からもっと自由に生きよう」という呼びかけである。既存の価値観とは、この時代はキリスト教的価値観だが、現代では進学、就職、結婚など、もろもろの常識・秩序に置き換えられよう。いい大学やいい企業に行くだけが必ずしも人間の幸福ではない。まして今はグローバル化やネットの進展で、既存の価値観が大きく揺らいでいる。大切なのは自由を束縛する古い価値観から〝脱皮〟し続けていくことだ。従容として「今、ここにあること」（現実）を受け容れ、創造的に考え、自らの運命を切り開く。彼の「超人思想」を知る第一歩もそこから始まる。

時は偉大な医者である。

ベンジャミン・ディズレーリ　イギリスの政治家、作家／『ヘンリッター寺院』

汚れっちまった悲しみに
今日も小雪の降りかかる
汚れっちまった悲しみに
今日も風さえ吹きすぎる

中原中也
詩人／『汚れっちまった悲しみに……』

行き詰まるのは
重荷を背負っているから
ではないわ。
背負い方がいけないだけなの。

レナ・ホーン
アメリカのジャズ歌手、俳優

エベレストよ、
今回は私たちの負けだ。
だが、必ず舞い戻って
登頂してみせる。
なぜなら、山はこれ以上
大きくならないが、
私はもっと成長できるからだ。

エドモンド・ヒラリー
ニュージーランドの登山家

可能なら実行する。
不可能でも断行する。

マルセル・ビジャール
フランスの軍人

大事なのは過程であって
結果ではない。

カール・ルイス
アメリカの元陸上選手（五輪・金メダリスト）

涙とともにパンを食べたものでなければ、
人生の味はわからない。

ゲーテ　ドイツの詩人、劇作家、自然科学者

苦しみつつ、なおはたらけ、
安住を求めるな、
この世は巡礼である。

山本周五郎
作家／『青べか物語』（新潮社）

すべての不幸は
未来への踏み台にすぎない。

ヘンリー・デイヴィッド・ソロー
アメリカの作家、思想家、詩人、博物学者

もう終わりだと思うのも、
さあ始まりだと思うのも、
どちらも自分である。

フェデリコ・フェリーニ
イタリアの映画監督／『道』

他人もまた同じ悲しみに
悩んでいると思えば、
心の傷はいやされなくても、
気は楽になる。

ウィリアム・シェイクスピア
イギリスの劇作家

人間は負けたら終わりなのではない。
でも、辞めたら終わりなのだ。

リチャード・ニクソン　アメリカの第37代大統領

ヘンリー・デイヴィッド・ソロー　19世紀アメリカの思想家で、長年森で自給自足の生活を送り、その記録をまとめた『ウォールデン 森の生活』を発表。環境保護運動の先駆者として名高い。

乗る人がいなくて
赤字になるなら、
乗る客をつくりだせばよい。
それには沿線に
人の集まる場所を
つくればいいのだ。

小林一三　阪急電鉄創業者

楽天家とは、
昔も悪かったし今も悪い。
しかし、これ以上は
悪くなるまいと
考える人である。

ロシアのことわざ

苦難は
たいてい未来の幸福を意味し、
それを準備して
くれるものであるから、
私はそうした経験を通じて、
苦難のときには
希望を抱くようになり、
逆にあまり大きな
幸福に対しては
疑念を抱くようになった。

カール・ヒルティ
スイスの哲学者、法学者／『眠られぬ夜のために』

人間は失敗する権利をもっている。
しかし失敗には反省という
義務がついてくる。

本田宗一郎　ホンダの創業者

譬《たと》えば山を為《つく》るが如し。
未《いま》だ一簣《いっき》を成さざるも、
止《や》むは吾《わ》が止むなり。
譬えば地を平らかにするが如し。
一簣を覆《ふく》すといえども、
進むは吾が往《ゆ》くなり。

孔子

古代中国の思想家、儒家の始祖／『論語』

例えば、山をつくる場合、最後にもうひと簣《もっこ》（わずかの量）というところをやりとげないのは、止めた自分が悪いのだ。また、土地を均《なら》すときに、ひと簣をがんばったのは、あなた自身の手柄である。最後まで気を抜かずに行えば、どんな壁も乗り越えられるはずだ。

反対の立場に立って
考えてみると、
これまでどうしても
解けなかった難問が、
不思議なほど
すらりと解けてくる。

長谷川克次　名南製作所創業者

元気を出しなさい。
今日の失敗ではなく、
明日訪れるかもしれない
成功について考えるのです。

ヘレン・ケラー　アメリカの教育者、作家

英雄は、自分のできることをした人である。
ところが凡人は、できることをしないで、
できもしないことを望んでいる。

ロマン・ロラン　フランスの作家

粘り強く挑めば願いは叶う

雨だれが石を穿《うが》つのは、
激しく落ちるからではなく、
何度も落ちるからだ。

ティトゥス・ルクレティウス・カルス
古代ローマの哲学者

たった一度の挫折で人生は終わらない。何度も再チャレンジできることが人間の持つ大きな美徳であり、強さである。試合で負けた、入試に失敗した。それでも辛抱強く、一途に、真摯に取り組んでいけば、いつかは素晴らしい結果が得られる。「虚仮《こけ》（愚か者）の一念、岩をも通す」の言葉もある。今できることを着実に積み重ねよう。

小林一三（こばやし・いちぞう）　銀行を退社後、沿線の住宅開発とともに電車事業を立ち上げるという奇抜なアイデアで成功を収めた。宝塚歌劇や阪急ブレーブス、東宝の設立者でもある。

絶望に苦しむ人々への言葉

下を向いていたら、虹を見つけることはできない。

チャールズ・チャップリン
イギリスの喜劇俳優、映画監督

チャップリン監督・主演の映画『独裁者』は、第二次世界大戦開戦直後に公開された。そのラストで、彼が演じる床屋のチャーリーは、瓜ふたつの独裁者ヒンケルに代わり、6分間の演説を行う。それは独裁主義を否定し、ヒューマニズムに基づく自由、平和、愛を訴える演説だった。またこの主人公は、独裁者に抑圧され、絶望の淵にあった恋人に「どんなところにいようと上を向くんだ」「顔を上げ、虹の中、希望の光の中へ飛ぶんだ」と懸命に語りかけた。このとき彼は当時タブーだった「カメラを見て話す」という大胆な演技をしている。スクリーンを通じ、苦難の只中にあった人々へ直接メッセージを送ろうとしたのだ。

これまでに激しい苦悩も味わわず、自我の大きな劣敗を経験しなかった、いわゆる打ち砕かれたことのない人間は、何の役にも立たない。

カール・ヒルティ
スイスの哲学者、法学者

人生の半分はトラブルで、残りの半分はそれを乗り越えるためにある。

リンゼイ・アンダーソン
イギリスの映画監督／『八月の鯨』

インプットがないのに、アウトプットはできません。

手塚治虫
漫画家

障害がおそろしいものに見えるのは、目標から目を離すからだ。

ヘンリー・フォード　アメリカの実業家、フォード・モーター創設者

絶望と悲哀と寂寞《せきばく》とに堪え得られる勇者たれ、運命に従うものを勇者という。

田山花袋《かたい》　作家

総じて人は己れに克《か》つを以《もっ》て成り、自らを愛するを以て敗るるぞ。

西郷隆盛　薩摩藩士、明治の政治家／『南洲翁遺訓』

すべての人間は己に克つことによって成功し、己を愛することによって失敗する。つまり、自分に甘いやつは成功しないというわけだ。

チャンスに出会わない人間などひとりもいない。ただ、それをつかめなかっただけだ。

アンドリュー・カーネギー　アメリカの鉄鋼王、カーネギー鉄鋼会社創業者

一位と最下位との差なんて大したことねーんだよ。ゴールすることとしないことの差に比べりゃ。

南波六太《むった》のセリフ　漫画『宇宙兄弟』小山宙哉《ちゅうや》（講談社）

われわれが恐れなければならないただひとつのことは、恐怖そのものである。

フランクリン・ルーズベルト　アメリカの第32代大統領

失敗の最たるものは、失敗したことを自覚しないことである。

トーマス・カーライル　イギリスの思想家、歴史家／『英雄と英雄崇拝』

アンドリュー・カーネギー　19～20世紀のアメリカの実業家で、鉄の需要拡大を予測し会社を設立。「鉄鋼王」と称された。成功後はカーネギー財団を設立し、慈善活動にも尽力した。

99パーセント失敗なんじゃないか。
でも1パーセント、
とんでもないものが出てくる可能性が
あるんじゃないか。

山中伸弥　医学者（ノーベル生理学・医学賞）／『精神科医が選んだ「心が元気になる言葉」』和田秀樹（新講社）

私たちは
苦悩を徹底的に
経験することによってのみ、
苦悩を癒される。

マルセル・プルースト
フランスの作家

ぬるま湯なんかに
浸かってんじゃねぇよ！

松岡修造
元プロテニス選手

この世界には、
人間の頭数と同様に、
仕事は沢山あるはずである。

野口英世
細菌学者／『野口英世』奥村鶴吉（岩波書店）

状況が悪くなればなるほど、
それを好転させることは
簡単になり、
さらには、より大きな結果を
生むことができます。

ジョージ・ソロス
アメリカの投資家

失った過去にとらわれるな

失ったものを数えるな、
残されたものを
最大限に活かせ。

ルートヴィヒ・グットマン
ドイツの神経医学者、パラリンピック創始者

ナチスの迫害から逃れ、イギリスに亡命した医師のグットマンは、第二次世界大戦で障害を負った兵に対し、この言葉をかけた。のちに彼はイギリス障害者スポーツ協会を設立し、パラリンピックの礎を築いた。覆水盆に返らず。いつまでも過去をひきずっても仕方ない。顔を上げて、今、自分ができるベストの生き方を探そう。

夜明け前がいちばん暗い。

イギリスのことわざ

逆境が人格を作る。

レフ・トルストイ　ロシアの作家、思想家

苦しみは人間を強くするか、
それともうち砕くかである。
その人が自分のうちに持っている
素質に応じて、どちらかになる。

カール・ヒルティ　スイスの哲学者、法学者／『幸福論』（岩波文庫）

人から忠告を受けたら、
彼の中に天の声、
天の意思が
あると思いなさい。
そうすればその忠告は、
たとえどんな内容の
ものであっても、
あなたにとって
有益なものとなるでしょう。

ジョセフ・マーフィー
アメリカの教育家、自己啓発作家、牧師

ものごとっていうのは、
嬉しいことが起きる前には
必ず心配事や悲しいことが
起こるもんなんですよ。

古今亭志ん生
落語家

シンプルであることは、
複雑であることよりも難しい
ときがある。

スティーブ・ジョブズ
アップル社の共同設立者、実業家、作家、教育者

できない自分とできる自分

できないことを
見つけることで、
できることが見つかる。

サミュエル・スマイルズ
イギリスの作家、医師

目標を見つけたい、夢を形にしたい、でもどうすればいいのかわからない……。こんなふうに悶々とするだけでは、事態は一歩も進まないこと。自分ができないことを知ること。それは己を知ることだ。己を知れば、できること、自分にしかできないことも見いだせるはずだ。スマイルズには「天は自らを助くる者を助く」という名言もある。

お前の為に
チームがあるんじゃねぇ。
チームの為にお前がいるんだ!!

安西監督のセリフ
漫画『SLAM DUNK(スラムダンク)』
井上雄彦(集英社)

人生は
大写しにすれば悲劇だが、
遠写しにすれば喜劇である

チャールズ・チャップリン
イギリスの喜劇俳優、映画監督

長い人生においては、苦しく悲しいことが何度も起こる。しかし、時間が経って振り返れば、意外と笑い話になっている。それを励みに今を乗り越えよう。

疲れた人は、
しばし路傍の草に
腰を下ろして、
道行く人を眺めるのがよい。
人は決して
そう遠くへは行くまい。

イワン・ツルゲーネフ
ロシアの作家

苦痛なくして勝利なし。
いばらなくして王座なし。
苦患《くげん》なくして栄光なし。
受難なくして栄冠なし。

ウィリアム・ペン
アメリカ・フィラデルフィア市建設者

過ちて改めざるを、
これ過ちという。

孔子
古代中国の思想家、儒家の始祖／『論語』

人間はだれでも過ちを犯すもので、そのこと自体は悪いことではない。しかし、過ちを犯したことに気づきながらも、それを改めようとしない者もいる。これこそが本当の過ちである。

長い目で見れば、
努力をしない天才よりも、
才能のない努力家のほうが、
多くのことを成し遂げる。

ジョン・ラボック
イギリスの銀行家、政治家、生物学者、考古学者

面白い仕事があるわけではない。
仕事を面白くする人間がいるだけなのだ。

三木谷浩史　楽天創業者／『成功のコンセプト』(幻冬舎)

ジョン・ラボック　家業の銀行を経営する傍ら執筆活動を行う。考古学者としても知られ、「旧石器時代」「新石器時代」の用語を提案。ダーウィンと交流を持ち、自然史に関する著書もある。

登れば登るほど、
旅は苦しさを加え、
頂上は雲のかなたに
隠れてしまう。
しかし、登山には、
苦労に値する、
喜びや満足がある。
同様に、
人生に価値を与えるものは、
その終局的結果
ではなくして、
闘争の過程なのであろう。

ジャワハルラール・ネルー
インドの初代首相、独立運動の指導者、著述家

恐れは逃げると倍になるが、
立ち向かえば半分になる。

ウィンストン・チャーチル　イギリスの政治家、軍人、作家（ノーベル文学賞）

一つだけ教えておこう。
きみはこれからも
何度もつまづく。
でもそのたびに立ち直る
強さももっているんだよ。

45年後ののび太のセリフ
漫画『ドラえもんプラス』藤子・F・不二雄（小学館）

わたしは、
ひとりの者に可能なことは、
万人に可能である、と
常に信じている。

マハトマ・ガンジー
インドの独立運動家、弁護士

勝負は負けたときから始まる。
弱さを知ったとき、
己の成長が始まるんだ。
人並みにやっていたら、
人並みにしかならない。

神永昭夫
柔道家（五輪・銀メダリスト）

人は生まれ、苦しみ、そして死ぬ。

サマセット・モーム
イギリスの作家／『人間の絆』

俺の敵はだいたい俺です。

南波六太のセリフ
漫画『宇宙兄弟』小山宙哉（講談社）

「自分の〝宇宙へ行きたい〟っていう夢を、さんざん邪魔して、足を引っ張り続けたのは、結局、俺でした。他に敵はいません」というセリフが続く。成長すると、夢を語るのが恥ずかしくなる。行く道をふさいでいるのは、自分自身ではないか。

仕事がイヤだ、会社がイヤだと
文句を言うのなら、辞めてしまえばいい。
ただし、辞める前に
本気で仕事に取り組むこと。
本気でやったことのないまま辞めるのは、
単に逃げているだけだ。

堀場雅夫　堀場製作所創業者

弱いが何事も成しえる「葦」

人間はひとくきの
葦《あし》にすぎない。
自然の中でもっとも
弱いものである。
だが、それは
考える葦である。

ブレーズ・パスカル
フランスの哲学者／『パンセ（思索）』

この名言に登場する葦とは、水辺に群生しているイネ科の多年草だ。人間の比喩になったのは、ひょろ長く、弱々しく揺れる外見からだろう。聖書にも弱い人間を「傷ついた葦」とする表現があり、パスカルはそれにならったとみられる。広大な宇宙に比べれば、人間は葦のように無力で悲惨な存在に過ぎない。だが、人間は思考することで「宇宙を包む」ことができる、人間の尊厳と偉大さはそこにある。このように悲惨と偉大、無力と無限という矛盾を抱える人間が「考える葦」なのだ。なお『パンセ』は厳密にはパスカル自身の著ではなく、本来彼が書こうとして書けなかった思想書のメモ書きを死後にまとめたものだ。

ジャワハルラール・ネルー　インドの裕福な家庭に生まれ、ガンジーとともに独立運動を指導。やがてガンジーとは思想の違いから対立するが、分離独立後、初代首相に就任した。

世界に多大なる影響を
与えた人間を見ても、
厳密な意味での天才、
すなわち生まれつき
聡明で輝かしい
素質を備えた人物は少ない。
むしろ、並の能力にも
かかわらず、
ねばり強く努力と
研究を重ねた末に
名声を得た者のほうが多い。

サミュエル・スマイルズ
イギリスの作家、医師／『自助論』（三笠書房）

今日卵をひとつ得るよりも、明日鶏を一羽得るほうがよい。

トーマス・フラー　イギリスの神学者、警句家／『格言集』

山は西からも東からでも登れる。自分が方向を変えれば、新しい道はいくらでも開ける。

松下幸之助
パナソニック創業者、発明家、著述家／『リーダーになる人に知っておいてほしいこと』（PHP研究所）

悪いことばかり
続くもんじゃないよ。
まじめに努力していれば、
いつか……、夜は必ず朝となる。
長い冬がすぎれば、
あたたかい春の日が……。

ドラえもんのセリフ
漫画『ドラえもん』藤子・F・不二雄（小学館）

人と山とが出会うことで、
偉業が為される。
道にたむろしていても、
だめなのだ。

ウィリアム・ブレイク
イギリスの詩人

今日の荷物だけなら
軽々持てる。
昨日の荷物と明日の荷物は、
降ろしていい。

中谷彰宏
作家、俳優、実業家／『不器用な人ほど成功する』

転んだ人を笑うな、彼らは歩こうとしていたんだ。

米倉誠一郎　経営学者

失敗とは、より賢く再挑戦するためのよい機会である。まじめな失敗は、なんら恥ではない。失敗を恐れる心の中にこそ、恥辱は住む。

ヘンリー・フォード
アメリカの実業家、フォード・モーター創設者

孤独は魂の力量を強化するが、また同時に働きかけるべき対象をすべて彼から奪ってしまう。

フランソワ・ルネ・ド・シャトーブリアン
フランスの作家、政治家／『ルネ』

苦痛は人間の偉大な教師である。苦しみの息吹のもとで魂は成長する。

マリー・フォン・エーブナー・エッシェンバッハ
オーストリアの作家

良馬はうしろの草を食わず。

中国のことわざ

良い馬は、自分が通った後の踏んだ草を食べたりはしないものだ。つまり、過去を悔やみこだわっていては、前進することはできないことを意味する。

努力には正しい方法がある

努力は裏切らないっていう軽々しくいいますけど、補足してあげる必要があるんです。正しい場所で、正しい方向で、十分な量なされた努力は裏切らない。

林修
日本の塾講師

塾講師の林修は、努力をしても夢破れた受験生を多く知っている。努力は尊いものだが、要領のいい人、悪い人がいるように、適切な努力の仕方も十人十色で個性がある。ただ、正解は簡単に見つからない。自分に合った方法を見いだすのも努力のうちであり、そうした結果の努力なら、必ず報われるものである。

ウィリアム・ブレイク　18～19世紀のイギリスの詩人、画家。独自解釈で描いたダンテやシェークスピア、聖書などの挿絵や預言書『ミルトン』で知られるが、生前は評価されなかった。

みずから正しいと信じる者は、
王の万軍よりも強く、
みずからの正しさを疑う者は
いささかの力も持たない。

トーマス・カーライル　イギリスの思想家、歴史家

今の自分に
疑問や不安を感じたら、
それは、変化しなさいという
心の声です。

葉祥明
絵本作家／『風にきいてごらん』（大和書房）

何とかなると思ってると、
何とかなってくる。
世の中、何とかなるだろうと
考えるのがいちばん強い。

南伸坊
編集者、イラストレーター、漫画家、作家

どうして自分を
責めるんですか？
他人がちゃんと必要なときに
責めてくれるんだから、
いいじゃないですか。

アルバート・アインシュタイン
ドイツ生まれの理論物理学者

人間が唯一偉大であるのは、
自分を超えるものと
闘うからである。

アルベール・カミュ
フランスの作家

意志あるところに道は開ける。

エイブラハム・リンカーン
アメリカの第16代大統領

あなたは
無心になろうと努めている。
つまりあなたは
故意に無心なのである。
それではこれ以上
進むはずがない。

オイゲン・ヘリゲル
ドイツの哲学者／『日本の弓術』

射撃の名手であったオイゲンは、日本で弓道を学ぶが何カ月たっても矢を正しく放つことができなかった。そんな時に師の阿波《あわ》研造から言われたのがこの言葉。弓術はスポーツではないから、腕の力ではなく心の力で引くもの。無心とは心をなくすことではなく、静かに保つということ。無心になろうという気持ち自体が、すでに心を乱しているという、深い意味が込められている。

紆余曲折あった成功への道

人間の目は、失敗して初めて開くものだ。

アントン・チェーホフ
ロシアの劇作家

チェーホフの代表作といえば『かもめ』だが、その初演は演出家が作品の本質を理解せず、大失敗に終わった。失意のあまり、彼は夜の街をさまよい、持病の結核を悪化させてしまう。その教訓が生かされたのは2年後のこと。スタッフや役者が一体となっての再演は大成功に終わり、チェーホフは近代演劇の革命児の道を歩むことになる。

あきらめないこと。どんな事態に直面してもあきらめないこと。結局、私のしたことは、それだけのことだったのかもしれない。

植村直己
冒険家／『癒しの言葉（いのちの言葉 VOL.1）』（角川春樹事務所）

すぐれた精神であっても、それを評価する基準がないために過小に評価されることがある。かかる精神は試金石のない貴金属のようなものである。

ジョセフ・ジュベール
フランスのモラリスト、作家／『パンセ』

銀メダルは負けてもらうメダルだから、学ぶことが大きい。なんで負けたのか、その悔しい思いが「欠けている」部分にあるんですね。

谷 亮子　柔道家、政治家（五輪・金メダリスト）

谷亮子（たに・りょうこ）「ヤワラちゃん」の愛称で親しまれた柔道家で、オリンピックで２度の金メダルを獲得。出産後の「ママでも金」は流行語になったが、惜しくも銅メダルだった。

人生は心ひとつの置き所。
晴れてよし、
曇りてもよし富士の山、
もとの姿は変わらざりけり。

山岡鉄舟　幕臣、政治家、思想家

一枚の葉にとらわれては
木は見えん
一本の樹にとらわれては
森は見えん

沢庵宗彭《たくあんそうほう》のセリフ
漫画『バガボンド』井上雄彦（講談社）

生きるうえで
もっとも偉大な栄光は、
決して転ばないことに
あるのではない。
転ぶたびに起き上がり
続けることにある。

ネルソン・マンデラ
南アフリカの大統領、弁護士

のんきと見える人々も、
心の底をたたいてみると、
どこか悲しい音がする。

夏目漱石　作家、評論家、英文学者／『吾輩は猫である』

忘れたいという願いほど、
強く記憶に働きかける力はない。

ミシェル・ド・モンテーニュ
フランスの哲学者、思想家

生ぜしもひとりなり。
死するも独りなり。

一遍
鎌倉時代の僧侶、時宗の開祖／『遍上人語録』

苦しくなったら、
苦しみを味わえるだけ
生きているんだと感謝した。
嬉しいときは
まだ喜べるんだと、
また感謝した。

有森裕子
元マラソン選手（五輪・銀メダリスト）

人間は、努力する限り、迷うものだ。

ゲーテ　ドイツの詩人、劇作家、自然科学者

山岡鉄舟（やまおか・てっしゅう）　北辰一刀流の開祖・千葉周作に剣術を学び、戊辰戦争では勝海舟の使者として西郷隆盛を説き、江戸城の無血開城を果たす。維新後は明治天皇の侍従に。

ふりむくな、ふりむくな、うしろには夢がない。

寺山修司　劇作家、詩人／『競馬への望郷』

人間は
不幸のどん底につき落とされ、
ころげ廻りながらも、
いつかしら一縷《いちる》の希望の糸を
手さぐりで
捜し当てているものだ。

太宰 治　作家／『パンドラの匣《はこ》』
人間が
大きな進歩をするための道は、
いつも苦しみによって
開かれなければならない。

カール・ヒルティ　スイスの哲学者、法学者
概して
すべての大きな
失敗の奥底には、
うぬぼれが潜んでいる。

ジョン・ラスキン　イギリスの美術評論家、社会思想家
道に迷うこともあったが、
それはある人々にとっては、
もともと本道というものが
存在しないからの
ことだった。

トーマス・マン　ドイツの作家／『トニオ・クレエゲル』

人の問題には解決の道がある

我々の問題は人間によって
作られたものだ。それゆえ、
人間によって解決できる。

ジョン・F・ケネディ　アメリカの第35代大統領

若き日のケネディは体が弱く、コンプレックスを抱いていたという。だが、病気療養中に書いた作品でピューリッツアー賞を受賞。大統領就任後は、途上国にボランティアを派遣する平和部隊を創設、核戦争の危機も乗り越えている。困難続きの半生を支えたのは、〝人の問題は人の手で解決できる〟という信念だったのかもしれない。

君が笑えば、世界は君とともに笑う。
君が泣けば、君はひとりきりで泣くのだ。

エラ・ウィーラー・ウィルコックス　アメリカの詩人、著述家

心許すときは
しっかりその人を観なはれ。
時代を先取りして、
誰の意見でも
有り難く聴くことです。
実行するせんは
こちらが決めればよろしい。
失敗は何にでもつきもんです。
恐れてては何もできまへん。

吉本せい
吉本興業創業者

世間を怖れるな、
ただ自己を怖れよ。

杉浦重剛
思想家

言われてやる仕事というのは、
仕事じゃない。

辻 芳樹
辻調グループ代表／テレビ『カンブリア宮殿』（2014年8月21日放送）

ジョン・ラスキン　ヴィクトリア女王時代の美術評論家。風景画家のターナーを見いだし、ラファエル前派と交友を持つ中で著書『近代画家論』を執筆。評論家の枠を超えて大きな影響を与えた。

『学問のすゝめ』の真意とは?

天は人の上に人を造らず、人の下に人を造らず。

福澤諭吉
啓蒙思想家、教育者、慶應義塾大学創立者／『学問のすゝめ』

有名な一文だが、続きに「と云《い》えり」とあり、「……を造らずと言われている」が本来の文意だ。彼の著書『西洋事情』にはアメリカの独立宣言が紹介されており、現在では独立宣言の「すべての人間は平等に創られている」が原拠ともいう。一方、別の書では「人の生ずるや天より之《これ》に与うる」と天賦人権論に即した翻訳もある。つまり西洋思想の平等論と天賦人権論の〝名訳〟がこの名言につながったといえる。福澤は、しかし世の中には賢者と愚者、貧者と金持ちがいると〝格差〟にも言及し、それは「学ぶと学ばざるとによりてできるものなり」と断言している。『学問のすゝめ』は西洋思想を踏まえつつ現実的な視点を持っていた。

夢は思い切り伸ばした指の1ミリ先にある。

秋元 康　作詞家、放送作家

人間よくなるも悪くなるも一寸《ちょいと》の間。

泉 鏡花
作家／『通夜物語』

苦しいから逃げるのではない。逃げるから苦しくなるのだ。

ウィリアム・ジェームズ
アメリカの哲学者、心理学者

私を真似てはいけない。私のやり方で私は成功できたが、あなたはきっと失敗するだろう。これは私だからできたとしか言えないのだ。

フランツ・リスト
ハンガリー生まれの作曲家

主役などというものは
存在しない。
人生には主役なんてないんだ。
誰もが登場人物にすぎない。

リー・ストラスバーグ
アメリカの俳優、演出家

リー・ストラスバーグは、演技指導者としてアル・パチーノやマリリン・モンローなど、多くの名優を育てた。この名言は、ダスティン・ホフマンも引用。誰もが登場人物であるということは、誰にもチャンスがあるということ。背が低く、この時代は主役になれないといわれたダスティン・ホフマンを支えたのは、この言葉だったに違いない。

野心は大きな魂よりも
小さな魂のほうにとっつきやすい。
それはちょうど火が宮殿よりも、
わらぶき家につきやすいように。

シャンフォール
フランスの劇作家／『格言と省察』

人間は毅然として
現実の運命に
耐えていくべきだ。
そこにはいっさいの真理が
潜んでいる。

ヴィンセント・ヴァン・ゴッホ
オランダの画家

失敗すればやり直せばいい。
やり直してダメなら、
もう一度工夫し、
もう一度やり直せばいい。

松下幸之助
パナソニック創業者、発明家、著述家／『リーダーになる人に知っておいてほしいこと』（PHP研究所）

外部からの援助は
人間を弱くする。
自分で自分を
助けようとする精神こそ、
その人間を
いつまでも励まし元気づける。

サミュエル・スマイルズ　イギリスの作家、医師／『自助論』（三笠書房）

フランツ・リスト　幼少の頃から才能が注目されたピアニストで、超絶的な技巧から「ピアノの魔術師」とも呼ばれた。作曲家としても活躍するが、高いテクニックが必要な曲が多い。

上り坂と下り坂は、一つの同じ坂である。

ヘラクレイトス　古代ギリシアの哲学者

自己に閉じ込められ、
自己にこだわっている間は、
世界を
真に見ることができない。
自己が自由に、
自在に動くとき、
世界もいきいきと生動する。

道元
鎌倉時代の禅僧、曹洞宗の開祖

冬来たりなば、春遠からじ。

ヨーロッパの故事

「努力すれば、
どんなことでもできる」
そういうふうな言い方は、
人間や人生の真実が
見えていないのだな、と思います。

大村はま
教育者

（人の）エネルギーは
消費することによってしか
蓄積されない。
つまり、エネルギー不足だと
感じたら、
休んでいても回復しない。

江國香織
作家／『恋するために生まれた』

物事が君の考えた通りに
運ばなかったからといって、
それが役に立たない
ということにはならない。

トーマス・アルバ・エジソン
アメリカの発明家

私たちの疲労は仕事によって
生じたのではなく、
悩み、挫折、後悔が
原因となっていることが多い。

デール・カーネギー
アメリカの教育者、自己啓発作家

窮するもまた楽しみ、
通ずるもまた楽しむ、
楽しむ所は窮通に非ざるなり。

荘子
古代中国の思想家

道を知る者は、困難なときでさえその状況を楽しみ、順調なときもまたその状況を楽しむものだ。どんなときでも楽しめるのは、困難に陥ることと楽しむことが無関係だと知っているからだ。

映画というのは、
実は力のある脇役が主役なんだよ。

小津安二郎　映画監督

問題を定義する習慣を持て

問題をきちんと
言い表せることができたら、
問題の半分は
解決したようなものだ。

チャールズ・フランクリン・ケタリング
アメリカのエンジニア、発明家

ケタリングは、アメリカの自動車産業の発展を支えた技術者で、「新しいアイデアは、チームでこそ進化させられる」という考えのもと、工業都市のリーダーとして活躍した。問題を言語化できないのは、問題を把握できていないということ。アメリカで300以上の特許を取得した彼の発明は、問題を定義することから始まっているのだ。

大村はま（おおむら・はま）　大学卒業後に公立高校の国語教師となり、戦前・戦後を通じて52年間、一現場教師の職にあり続けた、日本の国語教育のパイオニアともいうべき人物。

完全を求めることは、人間の心を悩ませる、この世で最悪の病である。

ラルフ・ウォルドー・エマーソン　アメリカの思想家、作家、詩人

どんな事物でも
矛盾を含んで
いないものはなく、
矛盾がなければ世界はない。

毛沢東
中国共産党の創立党員のひとり

彼らは
解決策が解らないのではない、
そもそも問題が
解っていないのである。

ギルバート・ケイス・チェスタートン
イギリスの作家

人生、9勝6敗でいいんだ。
勝ち続けるわけにはいかないんですから、
いかに上手に負けを拾うか。

色川武大
作家

自分を信じてください。
あなたは自分が考えるより
はるかに多くのことを
知っているのです。

ベンジャミン・スポック
アメリカの医師、教育評論家

希望が逃げていっても、
勇気を逃してはいけない。
希望はしばしば
我々をあざむくが、
勇気は力の息吹である。

フリードリッヒ・ブーテルヴェク
ドイツの哲学者

つらいときこそ、
あなたは
いい「運」をためている。

斎藤茂太
精神科医、著述家

人といふ 人の心に 一人づつ
囚人がゐて うめくかなしさ

石川啄木
歌人／『一握の砂』

人はそれぞれ、心の中に囚人をかっていて、それがうめき、悲しみを撒き散らしている。壁にぶつかったあなたの中にも、囚人が潜んでいるのでは？

希望があるところに
人生がある。
希望が
新たな勇気をもたらし、
再び強い気持ちに
させてくれる。

アンネ・フランク
ユダヤ系ドイツ人／『アンネの日記』

森の分かれ道では、
人の通らない道を選ぼう。
すべてが変わる。

ロバート・フロスト
アメリカの詩人

自分の前に
いっぱい敵が現れたとき、
振り返ってみるがいい。
味方だっていっぱいいるものだ。

生田《いくた》 長江《ちょうこう》
評論家、翻訳家、劇作家、小説家

**苦しいときもある。
夜眠れぬこともあるだろう。
どうしても壁がつき破れなくて、
俺はダメな人間だと
劣等感にさいなまれるかもしれない。
私自身、その繰り返しだった。**

本田宗一郎　ホンダの創業者

落日を嘆かず昇る朝日を見よ

ひとつの扉が閉まるとき、別の扉が開く。しかし、閉まった扉をいつまでも残念そうに見つめているので、開いている扉が見えないことがよくある。

グラハム・ベル
イギリスの発明家、科学者、工学者

商品・サービスの命は永遠でない。だがある形態の消滅はまた新たな可能性を促す。ベルが発明した電話機も、長い歴史の中で新たな機器が現れては消え、現代のスマホ全盛へつながった。小売りも同様で、デパート、スーパーが失速する一方、レジなし店舗のような革新的業態の出現は注目に値する。

ラルフ・ウォルドー・エマーソン　神学校を出て牧師になるが、自由信仰のため教会を追われ渡欧。帰国後は個人主義を唱え、アメリカ文化の独自性を主張。その評論は思想家らに影響を与えた。

もし翼を持たずに
生まれて来たのなら、
翼を生やすために
どんな障害も
乗り越えなさい。

ココ・シャネル　フランスのファッションデザイナー

どんなに困難であっても、
解決策は必ずある。
救われない運命
というものはない。
災いにあわせて、
どこか一方の扉をあけて、
救いの道を残している。

ミゲル・デ・セルバンテス
スペインの作家／『ドン・キホーテ』

挫折しても夢を追った革命家

ある日の真実が、
永遠の真実ではない。

チェ・ゲバラ
アルゼンチンの革命家

若き日にラテンアメリカ各地を巡り、貧困と圧政に苦しむ人々を知ったゲバラ。その生涯は真実を求める旅でもあった。グアテマラではアメリカの横暴を目撃。メキシコでは亡命中のカストロと出会いキューバ独裁の現状を知り、キューバ革命を成して全世界を熱狂させた。それも束の間、大国を憎むあまりカストロと対立し、ボリビアで射殺された。革命の理想も、カストロとの友情も、旅の真実は一瞬で、永遠ではなかった。今や彼が信じて疑わなかった各国の社会主義さえも行き詰まりを見せる。一方で資本主義が永遠に続く保証もない。人間があるべき姿は何か。真実はどこにあるのか。ゲバラの旅は今も続いているようだ。

君がつまずいてしまったことに興味はない。
そこから立ち上がることに関心があるのだ。

エイブラハム・リンカーン　アメリカの第16代大統領

われ反抗す、
ゆえにわれら在り。

アルベール・カミュ
フランスの作家／『ペスト』

崖っぷちありがとう！
最高だ！

松岡修造
元プロテニス選手／『松岡修造の人生を強く生きる83の言葉』（アスコム）

エイブラハム・リンカーン　南北戦争で北部を指導し、「奴隷解放宣言」を発したことで知られる。大統領の任期途中で暗殺されたが、国家の統一と民主主義を守った大統領として今も尊敬される。

笑われて、笑われて、つよくなる。

太宰 治　作家／『HUMAN LOST』

英雄は普通の人より
勇気があるのではなく、
ただ5分間ほど勇気が
長続きするだけである。

ラルフ・ウォルドー・エマーソン
アメリカの思想家、作家、詩人

苦しみの報酬は経験である。

アイスキュロス
古代ギリシアの詩人／『アガメムノン』

人生で成功できない人に
共通しているのは、
せっかくの失敗を
経験として生かすことが
できないことである。

エルバート・ハバード
アメリカの思想家、作家、教育者

情熱を注ぎ込めるものを、
最初から
持っている人はいない。

岡本太郎
芸術家

教育は結構なものである。
しかしいつも忘れては
ならない。
知る価値のあるものは、
すべて教えられないもの
だということを。

オスカー・ワイルド
アイルランド出身の作家

逆境にある人は
常に、「もう少しだ」
と言って進むといい。
やがて必ず前途に
光がさしてくる。

新渡戸稲造　教育者・思想家／『武士道』（岩波文庫）

いつも人は
自分の信ずるところを
乗り越えなければならない。
少しも信じていないことを、
どうやって
乗り越えられようか。

アラン
フランスの作家、詩人、哲学者／『宗教論』

大きく行き詰まれば、
大きく道が開ける。

出光佐三
出光興産創業者／「九十歳でもゴルフはできる」（『文藝春秋』1975年8月）

志を立てるのに
遅すぎるということなし。

スタンリー・ボールドウィン
イギリスの元首相、政治家、実業家

使わぬ宝はないも同然。

アイソポス
古代ギリシアの寓話作家、イソップ寓話の作者

困れ。
困らなければ何もできない。

本田宗一郎
ホンダの創業者

事を為すのはやる気次第だ

すぐやる、
必ずやる、
できるまでやる。

永守重信
日本電産創業者

モノ作り国家・ニッポンの落日が叫ばれるなか、高成長で気を吐く総合モーターメーカーの日本電産。名物社長（兼会長）の永守重信以下、従業員たちのハードワークはつとに知られる。最近は残業ゼロへの転身を図っているが、それも絶えず自己革新し続ける日本電産らしい試みといえよう。ただし永守社長の信念は揺るがない。それは常に前向きな姿勢を社員に持ってもらうことだ。消極的では何も成しえない。個々の総合能力を比較しても、差は2倍（秀才と凡人でも5倍）しかないという。ところがやる気、士気、意識は実に100倍もの差を出すという。最後に成果を出すのは多少能力が劣っても、意識の高い人間となる。

アラン　本名はエミール・オーギュスト・シャルティエ。哲学などの新たな体系化を嫌い、過去の哲学者・思想家の優れた意見を示し、理性主義の立場からさまざまな問題を論じた。

地中海がダメならアルプスへ

**視点を変えれば
不可能が可能になる。**

ハンニバル・バルカ
古代カルタゴの将軍

第一次ポエニ戦争でローマに敗れたカルタゴの将軍ハンニバルは復讐に燃えていた。しかし海軍を解体されたので、海路を利用してイタリア半島へ攻め込むことは困難だった。そこで決意したのが陸路アルプスを越える常識破りの戦略だ。過酷な行軍だったが作戦は成功し、カルタゴは大勝利した。八方ふさがりでも必ず道はあるはずだ。

トップにノーと言うのは勇気がいることかもしれないが、言うべきノーを言わなければ会社はやがて危機に陥るだろう。

堀場雅夫　堀場製作所創業者／『人の話なんか聞くな!』（ダイヤモンド社）

**世の中には幸も不幸もない。
ただ、考え方で
どうにもなるのだ。**

松下幸之助
パナソニック創業者、発明家、著述家

**人生における、
すべての失敗の原因は、
自分のことしか
考えていないことにある。**

アルフレッド・アドラー
オーストリア出身の心理学者

**いかなるものも
変化しつつあります。
これは真理です。
だからあなたがいま
どんな苦境にあろうとも、
その状態を
保持する努力をしない限り、
永遠に続くはずがないのです。**

ジョセフ・マーフィー
アメリカの教育家、自己啓発作家、牧師／『J・マーフィーの教え
最高の自分を引き出す法』（きこ書房）

もうダメだというときが仕事の始まり。

稲盛和夫　実業家、京セラ・第二電電創業者／『新装版 稲盛和夫の経営問答 人を生かす』（日本経済新聞出版社）

気力のある人に見えるチャンスが、
気力のない人には見えない。

加藤諦三　社会学者、評論家／『「やる気がでない人」の心理学』（PHP研究所）

「闇があるから光がある」。
そして闇から出てきた人こそ、
いちばんほんとうに
光の有り難さが分るんだ。

小林多喜二　作家

落ち込むということは、
自分の事を過大評価している証拠。

明石家さんま　お笑い芸人

大いなる苦悩なくしては、
いかなる完成せる才能も
あり得ない。

レオナルド・ダ・ヴィンチ　イタリア・ルネサンスの芸術家（万能人）

人は知ることが
少なければ少ないほど、
知っていることが
多いと思うものだ。

ジャン・ジャック・ルソー　フランスの哲学者／『学問芸術論』

人生で何にも増して
耐えがたいことは、
悪い天候が続くことではない。
雲ひとつない好天が
続くことだ。

カール・ヒルティ　スイスの哲学者、法学者／『幸福論』

「あのとき、ああしていれば」
という思いに
振り回されることほど、
時間とエネルギーを無駄にし、
自分を傷つけるものは
ないと思いますよ。

斎藤茂太　精神科医、著述家

アルフレッド・アドラー　フロイトやユングと並ぶ現代の心理療法を確立。個人心理学（アドラー心理学）を創始。その考えをもとにした『嫌われる勇気』（ダイヤモンド社）がベストセラーに。

釣りと魚から学んだ人生の教訓

**釣れないときは、
魚が
考える時間を
与えてくれたと
思えばいい。**

アーネスト・ヘミングウェイ
アメリカの作家

ヘミングウェイが生まれて初めて釣りをしたのは3歳である。父に連れていってもらった誕生祝いの釣りで、彼は釣り客たちの中でいちばん大きな魚を釣り上げたという。以降、彼の生涯で釣りと大自然は大切なことを教えてくれる〝人生の師〟となった。彼の代表作『老人と海』は孤独な老漁夫と巨大カジキとの闘いのドラマだ。苦闘の末、老人はカジキを釣り上げる。「いつかは釣れる」という信念の勝利だ。だが船に結ばれたカジキは帰途サメの群れに襲われて食い尽くされ、骸骨になってしまう。空しく帰還した老人だったが、それでもめげず、「どんなに打ちのめされても敗れない」という気概、人間の尊厳を示している。

伸びるためには、まず縮まることが必要だ。

石坂泰三　元経団連会長

努力だ。勉強だ。それが天才だ。
だれよりも、
三倍、四倍、五倍、勉強する者、
それが天才だ。

野口英世
細菌学者／『野口英世』奥村鶴吉（岩波書店）

「ありがとう」
と言われる仕事が
プロフェッショナルと
なりえるのだと思います。

田崎真也
ソムリエ、元国際ソムリエ協会会長

忠告はめったに歓迎されない。
しかも、それを
もっとも必要とする人が、
常にそれを敬遠する。

フィリップ・チェスターフィールド
イギリスの政治家、作家

落ち込むのは余裕があるからよ。
なんとかしなきゃの
連続だったから、
悩んでる暇なんかなかったわね。

美輪明宏　歌手、俳優、演出家

人生は、綱渡りと同じ。
立ち止まって、
しゃがみ込む時が、
一番バランスを崩して危ない。

中谷彰宏
作家、俳優、実業家／
『気持ちが楽になる50のヒント』（三笠書房）

人生の最大の喜びは、
あなたにはできない、
と言われたことをすることだ。

ウォルター・バジョット
イギリスのジャーナリスト

悩みは仕事よりも
多くの人を忙殺する。
なぜなら、多くの人たちが、
仕事よりも悩みと
格闘しているからだ。

エルバート・ハバード
アメリカの思想家、作家、教育者

石坂泰三（いしざか・たいぞう）　第一生命の社長となり大いに発展させ、その手腕を買われ東芝再建のため社長に就任。6000人の人員整理を行い再建を果たした。その後、経団連会長となる。

言い訳が得意な者が、他のことが得意であることは滅多にない。

ベンジャミン・フランクリン　アメリカの政治家（建国の父）、外交官、著述家

人間のできるただひとつのことは、自分自身が精神的に成長することだ。

フョードル・ドストエフスキー
ロシアの作家、思想家

まだ限界じゃない。どこまでいけるか分からないけど、自分の限界に挑戦したい。

内村航平
体操選手（五輪・金メダリスト）

「天は二物を与えず」と言うが、逆に「なるほど、天は二物を与えないが、しかし一物は与えてくれる」ということが言えると思う。その与えられた一つのものを、大事にして育て上げることである。

松下幸之助
パナソニック創業者、発明家、著述家／『松下幸之助一日一話』（PHP研究所）

切り開いた「ミュンヘンへの道」

常識の先には、常識しかない。……金メダルを狙うには、非常識を積み重ねていくしかないんだよ。

松平康隆
元バレーボール全日本男子代表監督

速攻、移動攻撃、時間差などの攻撃方法を考案して世界を驚嘆させ、近代バレーボールを一変させた知将の言葉だ。「こんなコンビネーションはできないか」……と、常識を疑う心が新しい道を切り開く。彼が監督となった全日本男子チームが、ミュンヘン五輪で金メダルを勝ち取った原動力がこれだ。

楽観主義者はドーナツを見、
悲観主義者はドーナツの穴を見る。

オスカー・ワイルド　アイルランド出身の作家

苦しみの果ての、涙のホームラン

努力しても
報われないことが
あるだろうか。
たとえ結果に
結びつかなくても、
努力した
ということが
必ずや生きてくる
のではないだろうか。
それでも報われない
としたら、
それはまだ、
努力とは
いえないのでは
ないだろうか。

王 貞治
元プロ野球選手・監督

通算868本のホームランを放ち、巨人軍の9連覇に貢献した大打者。そんな王選手でも、スランプに苦しむこともあった。とりわけ1971年の不振は深刻だった。

当時の王氏の打撃ノートには3つのスランプ脱出法が書かれている。ひとつは「酒を飲み気分転換を図る」、ふたつ目は「趣味に没頭して仕事を忘れる」、残りが「ガムシャラに練習する」だった。不安をなくすならふたつ目までが良いが、それでは技術的な進歩はない。不安をかき立てるかもしれないが、結局は練習以外ない、と王選手は考えた。

血のにじむような猛練習が続けられた。しかし、出口はなかなか見いだせず、打てない日々が続いた。

シーズン終盤の阪神戦、その日もどん底だった。当時阪神の大エースだった江夏豊にあしらわれ、一打席、二打席、三打席とも三振した。

2対0で負けていた9回表、2死1・2塁で打順が回ってきた。すでに巨人ファンは〝また王は三振する〟とあきらめ、出口へ移動し始めた。フルカウントからの内角ストレート、ただひたすらバットにボールを当てようと振った。快音とともにボールは右翼ラッキーゾーンへ運ばれた。逆転のスリーランである。

走りながら自然と涙がこぼれた。懸命な努力が報われたことが、何より嬉しかったのだ。868本のホームランの中で、泣きながらダイヤモンドを回ったのはこの1本だけだったという。この思い出とともに語られたのがくだんの言葉である。

第4章 リーダーが知っておくべきこと

部下の力を生かすにはどうしたらよいのか、
トップとして何をすべきなのか……。
さまざまな資質が問われるリーダーという立場。
理想の上司を目指して成功者たちの知恵に学ぼう。

知識のある人は
すべてについて
知識があるとは限らない。
だが、有能な人は、
すべてについて有能である。
無知にかけてさえも
有能である。

ミシェル・ド・モンテーニュ
フランスの哲学者、思想家／『エセー』（岩波文庫）

この言葉を理解するには、ソクラテスの「無知の知」を知っておきたい。ソクラテスの友人が、デルフォイのアポロン神殿で「ソクラテスより頭のよい人物はいますか」と問うたところ、ソクラテスがもっとも賢いという神託が降った。それを聞いたソクラテス自身も驚き、賢者に相談に行く。さまざまな知恵者と話すなかで、ソクラテスは彼らも何でも知っているわけではないことに気づく。そして、「自分は何も知らない」ということを自覚し、その自覚のために他の無自覚な人々に比べて優れているのだと考えるようになった。

力は一切のものを征服する。
しかし、その勝利は短命である。

エイブラハム・リンカーン　アメリカの第16代大統領

トップが
現状を肯定した時から、
その会社の老朽化がはじまる。
経営者とは、
絶えざる現状否定論者である。

山口敏明
元東ソー社長／『企業の品格』皆木和義（PHP研究所）

モチベーションとは
命令や指示で
生み出せないものである。

カルロス・ゴーン
日産自動車元CEO／『日経ビジネス』2005・4・4（日経BP社）

徳ある者は必らず言あり。
言ある者は
必らずしも徳あらず、
仁者《じんしゃ》は必らず勇あり。
勇者は必らずしも仁あらず。

孔子
古代中国の思想家、儒家の始祖／『論語』

徳が備わっている者は、必ず善いことを言う。ただし、善いことを言うからといって、必ずしも徳が備わっているとは限らない。心おおらかで慈悲深い仁者は必ず勇敢だが、勇敢だからといって必ずしも仁者ではない。勇敢で言葉巧みな人がいたら、うわべだけの者ではないか、人を見極める目を持とう。そして、あなたがリーダー的立場にいるなら、この言葉を胸に刻もう。

自分の部下を見ていてたるんでいると感じたら、自分がたるんでいる証拠！

長谷川和廣　コンサルタント／『社長のノート』（かんき出版）

誰かがひとつのことを立派に成し遂げると、外の人たちはこれに刺激を受け、さらに立派なことを成し遂げようとするものである。

ヘンリー・フォード　アメリカの実業家、フォード・モーター創設者

得るもの以上の利益を与えよ

商売とは、感動を与えることである。

松下幸之助　パナソニック創業者、発明家／『リーダーになる人に知っておいてほしいこと』（PHP研究所）

〝経営の神様〟の異名がある幸之助。23歳で松下電気器具製作所（のちのパナソニック）を創業。改良ソケット、電気アイロン、自転車用電池ランプで基礎を固め、大量生産、販売網拡充など斬新な経営法で、自社を超一流企業に導いた。

幸之助は商売とは自分が得る利益以上に、顧客へ〝金銭ではない利益〟を与えねばならないとする。それが感動であり喜びだ。この商品は便利だ、買って良かったと思われることが重要で、感動を与えずして利益を得るのは商売でない。また経営者にとってもっとも大事なのは「仕事を通じて社会に貢献している」という理念、信念とし、「経営理念なき会社に発展はない」と断言している。

ミシェル・ド・モンテーニュ　16世紀ルネサンス期のフランスを代表する哲学者でモラリスト。『エセー』は人間の生き方を探求し、死の間際まで執筆・改訂を続けた著書である。

苦しいときにこそ夢を抱け

企業にも節がある。儲かっているときはスムーズに伸びていくが、儲からんときがひとつの節になる。この節の時期が大切なのだ。

本田宗一郎　ホンダの創業者

浜松の町工場から世界有数の企業となったホンダ。その道のりは平坦でなく1950年代には経営的に苦しい場面もあった。逆境の中、彼は世界的なオートバイレースへの参戦を決意。チームは1961年に優勝を果たす。世界への挑戦は全社の奮起を促し、その後のF1参戦、ブランド確立へとつながっていく。

部下が能力の限界を越えて何かしそうになったら、気をつけてやらなくちゃいかん。その注意をしそこなって部下が間違いを起こした場合は、注意を怠ったほうが悪いんだから、こちらで責任を取らなくちゃあね。

米内《よない》光政　海軍軍人、海軍大臣、第37代内閣総理大臣

企業は人なり。

松下幸之助　パナソニック創業者、発明家、著述家

かわいくば、5つ教えて3つ褒め、2つ叱って良き人とせよ。

二宮尊徳　江戸時代の農政家

有意義な仕事をしているという自覚のある労働者がつくった製品は、必然的に高品質となる。

ペール・ジレンハマー　ボルボの元CEO

何かをさせようと思ったら、いちばん忙しいヤツにやらせろ。それが事を的確にすませる方法だ。

ナポレオン・ボナパルト　フランスの軍人、政治家、皇帝

見ればただ
何の苦もなき 水鳥の
足にひまなき 我が思いかな

水戸光圀《みつくに》
水戸藩の第2代藩主

水鳥は一見なんの苦もなく、泳いでいるように見える。しかし、水面下では、必死に足を動かしている。同じように、他人から見るとのんきに見える私も、実は苦労が多いものだ。〝水戸黄門〟でおなじみの光圀。将軍・徳川綱吉との折り合いも悪く、御隠居になってからも悩みは尽きなかったようだ。

真の人格者であるかどうかを
計るものさしは
たくさんある。
中でもまちがいのない方法は、
その人間が目下の者に
どうふるまうかを見ることだ。

サミュエル・スマイルズ
イギリスの作家、医師／『自助論』(三笠書房)

楽しむに天下を以《もっ》てし、
憂うるに天下を以てす。

孟子
古代中国の儒学者／『孟子』

王（リーダー）は、国民（社員）の楽しみを楽しみとし、国民の心配を自らの心配とする。それが王としての道である。この言葉は、孟子に関する注釈と見解をまとめた吉田松陰の著書『講《こう》孟箚記《もうさっき》』にもあり、松陰が抱く理想の君主像がうかがえる。

我々が悩める人に与えることができる
いちばん正しい助力は、その人の重荷を
取り去ってやることではなく、
その人がそれに耐え得るよう、
その人の最上のエネルギーを
呼び出してやることである。

カール・ヒルティ　スイスの哲学者、法学者／『希望と幸福』(社会思想社)

米内光政(よない・みつまさ)　海軍の穏健派として活躍した人物で、連合艦隊司令長官、海軍大将、首相を歴任するが、日独伊三国同盟締結に反対し辞職。戦争終結と敗戦処理のために尽力した。

我は兵を以て
雌雄を戦いで決せん
塩を以て
敵を屈せしむることをせじ

上杉謙信　戦国武将

「敵に塩を送る」の故事で知られる名言。甲斐の武田信玄が駿河の今川氏との同盟を破棄すると、怒った今川から〝塩留め〟されてしまう。信玄の領地の甲斐は、海に面しておらず、生きるために必要な塩を他国から輸入しなければならなかった。これに乗じて上杉謙信も塩留めすれば、信玄を追い詰められたはずだ。しかし、謙信は、勝敗は戦いでつけるとして、敵に情けをかける。義を重んじる謙信らしい逸話だ。

リーダーとは、
「希望を配る人」の
ことである。

ナポレオン・ボナパルト
フランスの軍人、政治家、皇帝

天の時は地の利に如《し》かず、
地の利は人の和に如かず。

孟子
古代中国の儒学者／『孟子』

天が与えた時間的な有利さも、地理的な優位さには及ばない。しかし、その地理的な有利さも、人心の一致には及ばない。つまり、もっとも有利に物事を運ぶには、人の和が重要である。

まず信頼。
結果は後からついてくる。

瀬戸雄三　アサヒビール元社長／『逆境はこわくない』（徳間書店）

何事も基本となるのは、
熱意である。
四六時中、頭の中は
仕事のことでいっぱいになる。
そうなると不思議なもので、
新しいことが
浮かんでくるものだ。
浮かばないとしたら、
それは熱意が足りないことに
ほかならない。

松下幸之助
パナソニック創業者、発明家、著述家／
『リーダーになる人に知っておいてほしいこと』
（PHP研究所）

たいていの経営者は、
その時間の大半を
過ぎ去った「きのう」の諸問題に
費やしている。

ピーター・ドラッカー
アメリカの経営学者

年齢が、頑固にするのではない。
成功が、頑固にする。
そして、成功者で
あるがゆえの頑固者は、
状況が改革を
必要とするようになっても、
成功によって得た自信が、
別の道を選ばせることを
邪魔するのである。

塩野七生　作家／『ローマ人の物語5 ハンニバル戦記』（新潮社）

**堪忍の 袋を常に 首にかけ
破れたら縫え 破れたら縫え**

徳川家康
江戸幕府の初代将軍

世の中には腹が立つことが多い。しかし、いちいち怒鳴り散らしては、下の者はついてこない。トップに立つ者は、堪忍袋が破れそうになったら、そのたびにグッとこらえて繕おう。

**必要であればあるほど
拒まれるものがある。
それは忠告だ。
それを余計に必要とする人、
すなわち無智な人々から
いやがられる。**

レオナルド・ダ・ヴィンチ
イタリア・ルネサンスの芸術家（万能人）

**一番大事なのは信頼だ。
信頼の上に立っていない言葉は
百万べんしゃべっても
むだになるのではないか。
信頼とは、一日一日の
その人の履歴、
人となりだと思う。**

本田宗一郎
ホンダの創業者／『俺の考え』（新潮社）

**何の試練も受けていない者は、
試練を受けている人に、
何も教えることはできません。**

レフ・トルストイ
ロシアの作家、思想家

**百歩先の見えるものは
狂人あつかいにされる。
五十歩先の見えるものは
多くは犠牲者となる。
十歩先の見えるものが
成功者である。
現在が見えぬ者は
落伍者である。**

小林一三
阪急東宝グループ創業者／『経営者100の言葉』（彩図社）

百歩先のことは誰も想像できないので、話しても変人扱いされる。五十足先のことでも、世間的にはまだ早く、実行しても受け入れられずに失敗者となる。成功するのは、十歩先を読んで練ったアイデアだ。現在さえ見えていない者は、まったく役にも立たないだろう。

完璧主義は創造力の敵である。

ジョン・ホイヤー・アップダイク　アメリカの作家、詩人

ビジネスで成功するいちばんの方法は、人からいくら取れるかをいつも考えるのではなく、人にどれだけのことをしてあげられるかを考えることである。

デール・カーネギー
アメリカの教育者、自己啓発作家

六回以下の訪問は行っていないのと同じ。人と人とのコミュニケーションは「質より量」が大原則。

小山昇　経営コンサルタント／『絶対に会社を潰さない　社長の営業』（プレジデント社）

勝利への強い意志を持つ

ビジネスの世界には「勝てば官軍」の論理しかない。「敗者の美学」といったものは文学の世界でだけ意味がある。

藤田 田
元日本マクドナルド会長

藤田はアメリカ式ファストフードを持ちこみ、日本の食文化を激変させた大物である。若き日にユダヤ商人の合理主義に影響を受け、ビジネスの世界は食うか食われるかの修羅場、とする経営哲学を培った。生涯最大の勝負が、日本マクドナルド（米マクドナルドと藤田商店との合併企業）第1号店開店だ。

「米と魚を主食とする日本でハンバーガーは受け容れられない」など批判渦巻く中での挑戦だった。米本社からは郊外型の出店を要請されたが、藤田はこれを拒否し銀座で開店した。情報発信地・銀座で話題になれば事業は軌道に乗るという信念があったのだ。結果、大成功。強い意志なくして現在の繁栄はなかった。

レフ・トルストイ　ロシアの伯爵家に生まれ、従軍経験から非暴力主義を展開。結婚後に多くの傑作を著す一方で、農奴解放や貧困層への援助などの社会事業にも熱心に取り組んだ。

人を用うるの道は、
その長所をとりて、
短所はかまわぬことなり。
長所に短所は
つきてならぬものゆえ、
短所は知るに及ばず。
ただよく長所を用うれば
天下に棄物なし。

荻生徂徠《おぎゅうそらい》
江戸時代の儒学者、思想家／
『荻生徂徠「政談」』（講談社学術文庫）

人を用いる際には、相手の長所を見て、短所はかまわないことだ。長所には短所はつきものなので、短所を知る必要はない。上手に長所を用いるようにすれば、天下に不要な人材などいない。
荻生徂徠は、第5代将軍・徳川綱吉の侍医の子に生まれ、儒学を学び、のちに綱吉の側近・柳沢吉保に用いられた。また、私塾を開いて多くの門弟を育てたことでも知られる。出典元の『政断』は、第8代将軍・徳川吉宗に提出された幕政改革についての意見書である。

他人の短所が
目につきすぎる人は、
経営者には向いていない。
長所を効果的に
発揮させるのが
自分の仕事だと考える人が、
有能な経営者になれる。

ピーター・ドラッカー
アメリカの経営学者

人間の真の価値は、
何を目指すかによって
判断される。

マルクス・アウレリウス・アントニヌス
古代ローマの皇帝（哲人皇帝）

不可能だと思わない限り、
人間に限界はない。

デール・カーネギー
アメリカの教育者、自己啓発作家

海軍大将が示す教育の要諦

やってみせ
言って聞かせて させてみて
褒めてやらねば
人は動かじ

山本五十六　海軍大将、連合艦隊司令長官

太平洋戦争での連合艦隊司令長官であり、部下の信頼が厚い人物だった。この言葉には人材育成で大切なことが凝縮されている。先に立って模範を見せる、言葉にして説明する、実践させる、最後に認め、称賛する。そうして人は初めて動く。教育とはそう簡単なことではない。会社、学校、部活動の指導で欠けている点はないだろうか。

為せば成る 為さねば成らぬ
成る業を 成らぬと捨つる
人の儚さ

為そうと強く思えば実現できるし、思わなければ実現できない。また、思うだけで取り組まなければ、それも実現できない。最初からあきらめてしまうところに、人の弱さがある。

武田信玄
戦国武将

成功は結果であって目的ではない。

ギュスターヴ・フローベール
フランスの作家

本当のリーダーは
人をリードする必要はない。
ただ道を示してやるだけでよい。

ヘンリー・ミラー　アメリカの作家

どんな地位にせよ、
誰かを任命するときには、
能力の高さよりも
品行の正しさを重視する。

ジョナサン・スウィフト
アイルランドの風刺作家、随筆家／『ガリバー旅行記』(角川文庫)

愛多き者は即ち法立たず。

韓非子
古代中国の思想家／『韓非子』

君主が臣下や領民に対し愛情をかけすぎると、彼らはそれに甘え、法を守らなくなる。リーダーとは、厳しすぎず、優しすぎず。よい塩梅を見極め、部下と接することが大切である。

仕事のできない人間は2種類に分かれる。
言われたことができない人間と、
言われたことしかできない人間だ。

サイラス・ハーマン・コッチュマー・カーティス　アメリカの実業家

ピーター・ドラッカー　アメリカで活躍したユダヤ人で、企業の存在意義やマネジメントに関する世界的な権威。自己啓発に関する著書も多く、日本の古美術コレクターとしても有名。

トップは凡人でもかまわない

傑出した三人を
わしは使いこなせた。
それが
天下を取れた
理由だ。

劉邦《りゅうほう》
古代中国・前漢の初代皇帝／『史記』司馬遷

秦の始皇帝亡き後の中華の覇権を項羽《こうう》と争い、勝利を収めて前漢初代皇帝になった劉邦。ライバル項羽は貴族出身のエリートで、圧倒的な強さを持つ武人だった。片や劉邦は田舎の遊び人、侠客にすぎなかった。

そんな彼が勝因として挙げたのがこの言葉で、「三人」とは軍師の張《ちょう》良《りょう》、官僚の蕭何《しょうか》、将軍の韓信《かんしん》を指す。

劉邦は戦略で張良、民政で蕭何、戦闘力で韓信に「かなわない」と謙虚に認めたうえで、「彼らを使いこなせたから勝てたのだ」とする。劉邦は、人を見いだし、使う力で項羽に優っていた。トップに求められるのは、決して専門的な知識・能力ではない。正しく人を登用し、部下を生かす力こそがもっとも重要なのだ。

太鼓の音に
ステップの合わない者を
しかるな。
その人は、別の太鼓に
聞き入っているのかも
しれないのだ。

ヘンリー・デイヴィッド・ソロー
アメリカの作家、思想家、詩人、博物学者／『森の生活』

組織はリーダーの
力量以上には伸びない。
業績を上げたいなら、
部下の尻を叩く前に、
自分が伸びろ。

長谷川和廣
コンサルタント／『社長のノート2』（かんき出版）

人の傷を見て笑うのは、傷の痛みを知らないやつだ。

ウィリアム・シェイクスピア
イギリスの劇作家／『ロミオとジュリエット』

良識ある人は、間違いがないということを重んじるのではなく、間違いに気付いたならば、その間違いを改めることを重んじるのである。

佐久間象山　幕末の兵学者

雨が降れば傘をさす。

松下幸之助
パナソニック創業者、発明家、著述家／『経営のコツここなりと気づいた価値は百万両』（PHP研究所）

雨が降ったら傘をさすのは当たり前の感覚だろう。ビジネスにおいてもそれは同じで、当たり前の考えを実践していけば、商売はうまくいくということ。とはいえ、この〝当たり前〟を見つけることが難しいのだが……。

独立の気力なき者は必ず人に依頼す、人に依頼する者は必ず人を恐る、人を恐るる者は必ず人にへつらうものなり

福澤諭吉
啓蒙思想家、教育者、慶應義塾大学創立者

我思う、ゆえに我あり。

ルネ・デカルト
フランスの哲学者、数学者／『方法序説』

時代によって価値観が変わるように、世の中には〝絶対的に正しい〟といえるものは、実は何もないのではないか。そう疑いを持ったデカルト。しかし、疑う者、つまり今疑問を抱いた自分という存在がいることだけは、疑いようがない確かな真実である。何事も、疑いの目を向け、深く見極めようというメッセージが込められているのだ。

ルネ・デカルト　17世紀のフランスの哲学者であり数学者。精神と身体ははっきりと区別されるという心身二元論、数学では座標という考え方（デカルト座標）を発明したことで知られる。

時は金なり。信用は金なり。お金は子どもを生み、増え続ける。

ベンジャミン・フランクリン　アメリカの政治家（建国の父）、外交官、著述家

経営者は挑戦を恐れるな。命も財産もなくすつもりでやらないといけない。

森 和夫

東洋水産創業者／『夕刊フジ』2014・4・8

君子は和して同ぜず、小人は同じて和せず。

孔子

古代中国の思想家、儒家の始祖／『論語』

君子（徳のある人）は誰とでも協調できるが、だからといってどんな意見にも同調するわけではない。対して、小人物は人の意見に簡単に同調したり、流されたりするが、他人を理解し協調しようとはしない。

過去のリーダーの仕事は「命じること」だが、未来のリーダーの仕事は「聞くこと」が重要になる。

ピーター・ドラッカー

アメリカの経営学者

失われうるものを富と呼んではならない。徳こそ本当のわれわれの財産で、それを所有する人の本当の褒美なのである。

レオナルド・ダ・ヴィンチ

イタリア・ルネサンスの芸術家（万能人）

2人の男が同じ仕事をしていて、四六時中意気投合しているのなら、1人は不要なのだ。逆に、四六時中張り合っているようなら2人とも不要である。

ダリル・フランシス・ザナック

アメリカの映画プロデューサー、脚本家

部下の実力をいかに引き出すかは、リーダーにとっても重要なテーマのひとつ。程よい緊張感や対立を保てるような環境を用意。意識してライバルを作り出すことで、良い作品が誕生する。

「欲がない人間」「好奇心のない人間」に用はない。

盛田昭夫

ソニー創業者／『盛田昭夫語録』（小学館）

奇貨居《お》くべし。

呂不韋《りょふい》
古代中国・秦の政治家／『史記』司馬遷

趙国に人質になっていた秦の王子を、財力を駆使して助けた商人・呂不韋。それがきっかけで、のちに秦の宰相まで上り詰めたという故事に由来。つまり、先行投資が大切だということ。ただ、見る目を養ったうえでの投資でなければ、無駄になる可能性もある。

絶対に部下に任せきりにしてはいけません。相手に嫌われるぐらい、日々あるいは1週間ごとに、チェックリストの内容と現状とのかい離に目を光らせる必要があります。

長谷川和廣
コンサルタント／『PRESIDENT Online』（プレジデント社）

選手を掌握するといっても、虎を飼い慣らして羊にしてしまったのではどうにもならない。虎は虎として十分に働いてもらわんといかんというのが、勝負の世界を勝ち抜く管理者の要諦ですな。

三原 脩《おさむ》
プロ野球監督

得るものが多い「聞き上手」

もし、口論して千載《せんざい》の悔いを残したくなかったら、いくら自分に理があると思っても、相手の言う、ちょっと耳の痛いことにもがまんして耳を傾けることだ。

デール・カーネギー
アメリカの教育者、自己啓発作家

ロングセラー『人を動かす』（創元社）の著者の言葉で、対人スキルに関する深い造詣がうかがえる。他人を言い負かすのは後味の悪い結果になることが多い。この言葉は聞き上手の勧めでもある。懐深い人には、他人の持つ別の視点、得難い情報が集まってくる。部下との接し方を今一度見直してみよう。

ダリル・フランシス・ザナック　映画制作会社の20世紀ピクチャーズ（のち20世紀フォックス）を設立。息子は『サウンド・オブ・ミュージック』プロデューサーのリチャード・ダリル・ザナック。

主たる者 ひそかに諫めて公にほめよ。

孟子
古代中国の儒学者／『孟子』

人の上に立つ者は、部下を叱るときには他に人のいないところで叱り、褒めるときは人前で褒めること。上司という役割は、ある意味、部下より気を使う仕事なのだ。

不能の一字は ただ愚人の辞書にあり。

ナポレオン・ボナパルト
フランスの軍人、政治家、皇帝

人間は小さなことで 怒るようでは 大業は成就しない。 私は一年間 絶対に怒らないと心に誓う。

塙保己一《ほきのいち》
江戸時代の国学者

変化対応でコンビニを成功

今自分を変え、どんどん革新に挑戦していくことこそが、もっとも大きな経営におけるリスク回避になる……無難を求めてはリスクを招く……お客さんは無難など誰も求めてはいない。

鈴木敏文　実業家／『鈴木敏文語録』（祥伝社）

セブン-イレブンを立ち上げ、コンビニの事業モデルを確立したカリスマの名言だ。彼の革新的な試みにPOSシステムをマーケティングに活用し、米国の業態にはなかったおにぎり・弁当の販売、銀行の設立、独自商品の開発などがある。その経営哲学は、徹底的に消費者目線に立った「変化対応」だった。

私がやった仕事で本当に成功したものは、全体のわずか1%にすぎないということも言っておきたい。99%は失敗の連続であった。そして、その実を結んだ1%の成功が現在の私である。

本田宗一郎　ホンダの創業者／『本田宗一郎 夢を力に―私の履歴書』（日本経済新聞社）

高慢は、常にかなりの
愚かさに結びついている。
高慢は常に
破滅の一歩手前で現れる。
高慢になる人は、
すでに勝負に
負けているのである。

カール・ヒルティ
スイスの哲学者、法学者／『幸福論』

危険と責任感は、
名将の判断力を活発にするが、
凡将の判断力をだめにする。

カール・フォン・クラウゼヴィッツ
プロイセン王国の軍事学者

諫めてくれる部下は、
一番槍をする勇士より価値がある。

徳川家康 戦国武将、江戸幕府初代将軍

世の中で成功を収めるには、
人から愛される徳とともに、
人を恐れさせる欠点も
必要である。

ジョセフ・ジュベール
フランスのモラリスト、作家

みんなが「不景気だ不景気だ」
というときは、
まだ不景気ではない。
みんなが「もうダメだ」
と思ったときが、
本当の不景気なんだ。

松下幸之助
パナソニック創業者、発明家、著述家

惣《そう》じて器用だてをする者は
不器用にて、
分別だてをする者は
無分別者なり、
とかく手の外を致し、
下より積《つめ》られぬが
誠の大将なり。

織田信長
戦国武将

器用にふるまう人は実は意外と不器用で、分別をわきまえているようにふるまう人は無分別者である。あたり前の行動をしていては、すぐに部下に見透かされる。下のものに悟られないよう行動ができるのが、真の大将なのだ。織田信長といえば、「鳴かぬなら殺してしまえホトトギス」の句でたとえられるように、傍若無人の武将というイメージが強い。しかし、この言葉からは意外と気遣いのこまやかな人という一面が浮かび上がる。歴史上のイメージは、信長が人に悟られないようにかぶった仮面だったのかもしれない。

塙保己一（はなわ・ほきのいち） 江戸時代の国学者。若くして失明するが、学問の道を志し江戸で学び才能が開花。さまざまな古来の記録をまとめた『群書類従』や歴史史料の編纂に尽力した。

人材は必ず
一癖ある者の中に選ぶべし。

島津斉彬《なりあきら》
薩摩藩主／『島津斉彬言行録』

社員の結束を図るために、
トップは先頭に立って
旗印を掲げる必要がある。

安藤百福
日清食品創業者／『インスタントラーメン発明王
安藤百福かく語りき』（中央公論新社）

「それは私の責任です」
ということが
言い切れてこそ、
責任者たりうる。

松下幸之助
パナソニック創業者、発明家、著述家／
『リーダーになる人に知っておいてほしいこと』（PHP研究所）

金がないから何もできないという人間は、金があっても何もできない人間である。

小林一三　阪急東宝グループ創業者

怒ったときには、
百雷の落ちるように怒れ。

徳川家康
江戸幕府の初代将軍

ビジネスには
大義名分が必要なり。

客家《はっか》
漢民族の集団のひとつ／
『客家　大富豪の教え』甘粕正（PHP研究所）

智者も千慮《せんりょ》に一失《いっしつ》有り、
愚者も千慮に必ず一得あり。

李左車《りさしゃ》
古代中国・趙の武将／『史記 淮陰侯伝』司馬遷

劉邦《りゅうほう》（前漢の初代皇帝）に使えた将軍・韓信《かんしん》から、燕《えん》・斉《せい》を討つ方法を聞かれた李左車が、前置きに述べた言葉。どんなに賢い人でも間違うことがあり、愚かな人もときにはたまには正しいことを言う。つまり、作戦を告げる前に、勝敗に絶対はないと念押ししたのだ。

双六の上手といいし人にその手だてを問い侍りしかば、「勝たんと打つべからず。負けじと打つべきなり。いづれの手かとく負けぬべきと案じて、その手を使はずして、一目《ひとめ》なりともおそく負くべき手につくべし」といふ。

吉田兼好
随筆家／『徒然草』

すごろくが上手な人に、その方法を聞いたところ、「勝とうと思って打ってはならない、負けないようにと考えて打つべきだ。どのような手を打つと早く負けてしまうかと考えながら、その方法を使わないようにして、一回でも負けを遅らせることができるような手を打つべきだ」と答えた。現代のビジネスの世界でも、勝負に出る際には、必ず不測の事態に備える。リーダーは、攻守両方の意識を持つことが大切といえよう。

半年、一年先のことを考えながら、五年先、十年先を見据えていかなくてはだめだ。

早川徳次
シャープ創業者／
『シャープを創った男 早川徳次伝』（日経BP社）

ただ才のみ是を挙げよ。

曹操
古代中国・後漢末の武将、魏の武帝／
『三国志』

三国志の英雄・劉備や諸葛孔明の敵として、長い間、悪いイメージが定着していた曹操。しかし、近年は、優れた統治者として見直されている。この言葉の意味は、国家が必要とする人物は、才ある者のみということ。人材登用の面でも柔軟な考えを持っていた。

部下のアイデアの引き出し方

創造性は繊細な花のようなもので、ほめることで花開く。反対に落胆させると、つぼみのうちにしぼんでしまうことがある。

アレックス・オスボーン
アメリカの広告代理店元副社長

新しいアイデアは企業の命綱であり、これを生み出すのが創造力だ。オスボーンは集団でアイデアを出し合う会議、ブレインストーミングの考案者である。アイデアは組織でなく、個人が生み出すものと彼は断言する。ゆえにブレインストーミングで個人への批判は厳禁。花を咲かせるのは肯定的なフィードバックだ。

島津斉彬（しまづ・なりあきら） 江戸時代末期の薩摩藩主で、藩政改革や富国強兵策を推進し、他藩に先駆けて反射炉や機械制工業に着手。養女の篤姫を将軍・家定の正室にしたことでも有名。

考えは言葉となり、
言葉は行動となり、
行動は習慣となり、
習慣は人格となり、
人格は運命となる。

マーガレット・サッチャー
イギリスの第71代首相（初の女性首相）

仕事の報酬は仕事だよ。

井深 大
ソニー創業者

人を判断するには、
どのように答えるかより、
どのような問いをするかに
よるべきである。

ヴォルテール
フランスの哲学者、作家、歴史家

知識を与うるよりも
感銘を与えよ。
感銘せしむるよりも
実践せしめよ。

坪内逍遥《しょうよう》
作家／『文芸と教育』

知らないという口実は、
決して責任を消滅させる
ものではない。

ジョン・ラスキン
イギリスの美術評論家、社会思想家

「これがどん底だ」などと
言っていられる間は、
どん底には
なっていないのだ。

ウィリアム・シェイクスピア
イギリスの劇作家／『リア王』

力を以て人を服する者は、
心服に非ざるなり、
力贍《た》らざればなり。
徳を以て人を服する者は、
中心悦びて誠に服するなり。

孟子
古代中国の儒学者／『孟子』

権力や武力で人を従えても、それは力がないからで、心から従う者はいない。徳をもって家臣や民にあたってこそ、人は心から喜んで従うのである。

全員が賛成したら、
その計画は危ない。

堤 康次郎
西武グループ創業者

人間は地位が高くなるほど、
足もとが滑りやすくなる。

タキトゥス
古代ローマの政治家、歴史家／
『年代記』（岩波文庫）

神の罰より
主君の罰恐るべし。
主君の罰より
臣下百姓の罰恐るべし。

黒田官兵衛
戦国武将／『黒田家文書』

神は祈れば許してもらえる、主君は謝れば許してもらえる。しかしそれらの罰より、部下や領民から恨まれるという罰は、許されないから恐ろしい。

百聞は一見にしかず、百見は一考にしかず、百考は一行にしかず、百行は一果にしかず。

中国・漢代の故事（元は前漢の将軍・趙充国の言葉）

強みのある事業を育てる

再建か、売却か、さもなければ閉鎖。

ジャック・ウェルチ
ゼネラル・エレクトリック社の元CEO

発明王エジソンが創業したゼネラル・エレクトリック社（GE）は、当時世界最大の総合電機メーカーだった。しかし、やがてIBMや日本企業に押され経営危機に陥った。そんな企業のCEOになったウェルチは大ナタを振るう。大規模な整理解雇も行ったが、注力したのは業態の大転換だった。儲からない家電事業を縮小し、航空機エンジン、医療機器など高収益分野へ事業をシフトした。その判断基準が「1位か2位になれなければ撤退」である。強い事業には競争優位性があり、集中的かつ効率的に投資ができる。逆に強みがなければ売却したほうが賢明というもの。この「選択と集中」でGEは事業の再編に成功した。

マーガレット・サッチャー　イギリス保守党初の女性党首で、初の女性首相。フォークランド紛争の早期解決や急進的な改革を断行し、その強硬な政治姿勢から「鉄の女」の異名を持つ。

城より人が大事？　武田信玄像の虚実

人は城
人は石垣
人は堀
情けは味方
仇は敵なり

武田信玄
戦国武将

国を治めるには、どんなに立派な城よりも、人の力こそが何より大切である。だから情けをもって人と接すべし。恨まれれば人心は離れる。

〝甲斐の虎〟こと戦国大名・武田信玄のこの言葉は、昭和の流行歌『武田節』にも使われ、広まった。その原典は信玄の死後に書かれた軍学書『甲陽軍鑑《こうようぐんかん》』（作者不明）で、「信玄公の御歌とある人がいう」と記されている。ただ同書は史料的に問題が多い書なので、本当に信玄が作った歌かどうかはわからない。

信玄の本拠は城とは呼べない躑躅《つつじ》ヶ崎館（山梨県甲府市）だったので、これが城を作らず人を大切にした証拠ともいう。だがこの館を含む甲府全体は一大防御都市として設計されており、館の背後には要害山城と呼ばれる緊急時の城が配置されていた。また川中島など侵略地域では多くの城を築いており、むしろ城造りには熱心である。なお信玄の時代は、天守や石垣を備えた城郭は一般的でなかった。

ただし、信玄が将兵を大切にしたのは事実だ。多大な人的損害を伴う戦争をできるだけ避け、買収、懐柔で領国を広げることがモットーであった。領民のためのインフラ整備にも腐心し、「信玄堤」と呼ばれる大堤防を築堤したことも知られる。

また彼が制定した領国の法律「甲州法度之次第《はっとのしだい》」には「もし信玄が民心に沿わぬことをすれば誰でも申し出よ」と為政者自身が法の遵守《じゅんしゅ》を強調する異例の項目もある。「情けは味方、仇は敵」に通じるものだろう。

第5章

人間関係に悩むときは

職場、友人、そして恋人、夫婦……。
人生の悩みのほとんどは、
人とのかかわりの中で生まれる。
精一杯生きるほど、人間関係の悩みも深くなる。
上手な人との向き合い方を知ろう。

相手を説得するために、
正論など持ちだしてはいけない。
相手にどのような利益があるかを、
話すだけでいい。

ベンジャミン・フランクリン　アメリカの政治家（建国の父）、外交官、著述家

無知な友ほど
危険なものはない。

ラ・フォンテーヌ
フランスの詩人／『寓話』

友人とはあなたについて
すべてのことを知っていて、
それにもかかわらず、
あなたを好んでいる
人のことだ。

エルバート・ハバード
アメリカの思想家、作家、教育者

いや、わしは人を
憎んでなんかいられない。
わしには、そんな暇はない。

黒澤 明
映画監督／『生きる』

平等は自然の法則ではない。
自然はなにひとつ平等なものを
つくってはいない。
自然の法則は服従と隷属である。

ヴォーヴナルグ
フランスのモラリスト

ふたりの囚人が
鉄格子から外を眺めた。
ひとりは泥を見た。
ひとりは星を見た。

フレデリック・ラングブリッジ
イギリスの牧師、詩人／『不滅の詩』

欺かれる者は、
欺かれない者よりも賢く、
欺く者は、
欺かない者よりもよい。

キルケゴール
デンマークの哲学者、宗教思想家／
『人生行路の諸段階』

要するに、騙される者のほうが賢く、騙す者のほうがよいということだが、この言葉にはさまざまな解釈がある。よくある解釈のひとつが、騙されないように人と接しない人よりも、行動したうえで騙されるから賢い。人を騙すという行動を起こすほうが、何もしないよりよいというものだ。

魚は水に飽かず、
魚にあらざれば、
その心を知らず。
鳥は林を願う、
鳥にあらざれば、
その心を知らず。
閑居の気味《きび》もまた同じ。
住まずして誰かさとらむ。

鴨長明
歌人、随筆家／『方丈記』

魚が水を飽きないのはなぜか。鳥が林を求めるのはなぜか。魚や鳥でない人の身では、彼らの気持ちはわからない。山奥の庵での、わびしい独り住まいの味わいもまた同じで、経験しない者にはわかるまい。世の中の無常を感じながらも、絶望ではなく、あるがままを受け入れ生きることを説いた鴨長明。人にはそれぞれ違う考え方や生き方があるのだから、理解できないものを排除するのではなく、他人を受け入れ、尊敬する心を持てというメッセージが込められているとみられる。

友情は
成長の遅い植物である。
それが友情という名に
値する以前に、
それは幾度か
困難の打撃を受けて
耐えなければならぬ。

ジョージ・ワシントン
アメリカの初代大統領

人生は不思議なもので、
同じような考え方、趣味、
気質の人間が自然と
寄り集まってきます。
これを類友の法則といいます。
その人のつき合っている人を
見ればその人がわかります。

ジョセフ・マーフィー
アメリカの教育家、自己啓発作家、牧師

銀幕を離れてからが人生の本番

自分らしく
生きられるように
なったこと、
自分と他人の欠点を
受け入れられるよう
になったことが
最大の勝利です。

オードリー・ヘプバーン
イギリスの女優

『ローマの休日』はじめ、数々の名作に主演した銀幕の天使。引退後はユニセフ親善大使として慈善活動に力を注いだ。彼女自身、貧困と病に苦しんだ少女時代を過ごしたため、やりがいを見いだしたのである。真の生きがいを見つけ、生きる世界すべてを受け容れられる心境を得ること。それが彼女の勝利だった。

ラ・フォンテーヌ　ジャン・ド・ラ・フォンテーヌ。イソップ寓話をもとにした『北風と太陽』などの作品で知られる17世紀の詩人。「すべての道はローマに通じる」などの格言でも有名。

この世には、
おのれと同じ人間はいない、
……人はみな、
誰にも理解されない絵を、
心のなかに持っているのではないか。

山本周五郎　作家／『樅《もみ》ノ木は残った』（新潮社）

他人に迷惑をかけないなんて
くだらないことを
誰が言ったのか
知らないんですけれども、
人間はいるだけで
お互いに迷惑なんです。
お互いに迷惑をかけあって
生きているんだというふうに
認識すべきだって
ぼくは思う。

宮崎 駿《はやお》　アニメ監督

人は物語でつながる。

クリスティーナ・ボールドウィン
アメリカの自己啓発作家

人間は寂しさを
永久になくすことはできない。
人はひとりだからね。
ただ忘れることができるから、
人は生きて行けるのさ。

渚カヲルのセリフ
アニメ『新世紀エヴァンゲリオン』

良薬は口に苦く、
出る杭は打たれる習い。

平賀源内
江戸中期の発明家、博物学者

前半と後半のことわざは、元は別々の由来を持つ。「良薬は口に苦し」は、『孔子家語』の「良薬は口に苦けれども病に利あり。忠言は耳に逆らえども行いに利あり」からの引用だろう。後半の「出る杭は打たれる」の由来は、稲作が伝来した時代まで遡るとも言われている。杭は田んぼを区切るためのもの。村の人々が協力して行う稲作では、周囲からはみ出す行為は、出すぎた杭と同じように嫌われたのである。

私はふたつの顔を持つ
ヤヌス神だ。
ひとつの顔で笑い、
他の顔で泣いている。

キルケゴール
デンマークの哲学者、宗教思想家

噂をされるより
悪いことがひとつだけある。
それは、
噂すらされないことだ。

オスカー・ワイルド
アイルランド出身の作家

他人を許そうと思うならば、
自分を許すということが、
第一条件であることが
しばしばである。

アラン
フランスの作家、詩人、哲学者／『幸福論』

見えないところで
私のことを
良く言っている人は、
私の友人である。

トーマス・フラー
イギリスの神学者、警句家

「垣根」は相手が作っているのではなく、自分が作っている。

アリストテレス　古代ギリシアの哲学者

弱点との向き合い方とは？

傷つきやすい人間ほど、
複雑な鎧帷子《よろいかたびら》を
身につけるものだ。
そして往々
この鎧帷子が、
自分の肌を
傷つけてしまう。

三島由紀夫
作家

幼少時、色白で貧弱なため「白っ子」と嘲笑されたという三島。初期作『仮面の告白』はコンプレックスを芸術に昇華させた名作だ。

エッセイ『小説家の休暇』にあるこの言葉は、「滑稽な自意識」を題材にした一節。笑われまいと弱点を隠すことに必死になると、（滑稽に映って）かえって人に笑われる。逆に弱点をさらして防衛もできるが、それは他人への媚びにほかならない。三島はそんな「鎖帷子」を着る空しさを語る。また彼は、社会には「人は私の弱点に興味がある」と「他人にとって私の問題などは何ものでもない」というふたつの矛盾する現実があり、結局はその矛盾する社会を生きるしかない、とする。

平賀源内（ひらが・げんない）　江戸時代中期の博物学者、作家、画家、陶芸家、発明家。「日本のダ・ヴィンチ」と称されるが、当時は評価されなかった。「土用の丑の日」の習慣は彼が考えたとも。

誰の友にもなろうとする人間は、誰の友でもない。

ヴィルヘルム・ペッファー　ドイツの植物生理学者

社会に出ると
世代の違う人間とも
気の合わない人間とも
つきあわなければならない。
……会社はそういう意味での
勉強や吸収をするための
絶好の機会を提供してくれる
場ではないのか。

島耕作のセリフ
漫画『課長島耕作』シリーズ、弘兼憲史《ひろかねけんし》（講談社）

人間は不遇になったとき、
はじめて友情のなんたるかを
知るものだ。

前田利家　戦国武将

自由と我儘《わがまま》との界《さかい》は、
他人の妨げをなすと
なさざるとの間にあり。

福澤諭吉
啓蒙思想家、教育者、慶應義塾大学創立者／『学問のすゝめ』（岩波文庫）

あなたが明日会う人々の
4分の3は、
「自分と同じ
意見の者はいないか」
と必死になって探している。
この望みをかなえてやるのが、
人に好かれる秘訣である。

デール・カーネギー
アメリカの教育者、自己啓発作家

飲みニケーションは有効か？

酒が作り出した友情は、
酒のように
一晩しかきかない。

フリードリヒ・フォン・ローガウ
ドイツの詩人／『ドイツ格言詩集』

ローガウはバロック時代の詩人で、社会の歪みを風刺する格言詩を得意とした。酒宴に一定の効用があるのは確かだ。杯をかたむけ、胸襟を開き合うのは楽しい。ただしそんな時間はひとときで、酔いが覚めれば興奮も冷めていく。結局「酒の力を借りる」だけの結びつきは幻なのである。ローガウにもそんな空しい経験があったのだろう。

自分を過大評価する者を
過小評価するな。

フランクリン・ルーズベルト
アメリカの第32代大統領

自分を過大評価する人に対し、心の中では馬鹿にしている人は多いだろう。けれど、なかには本当に能力の高い人もいるのであなどってはいけないのだ。

賢者は
愚か者が賢者から学ぶより
多くのことを
愚か者から学ぶ。

マルクス・ポルキウス・カト・ケンソリウス
古代ローマの政治家

人が集まることが始まりであり、
人がいっしょにいることで進歩があり、
人がいっしょに働くことで成功をもたらす。

ヘンリー・フォード
アメリカの実業家、フォード・モーター創設者

友情は喜びを2倍にし、
悲しみを半分にする。

フリードリヒ・フォン・シラー
ドイツの詩人、歴史学者、劇作家、思想家

砂に1本の線を引いたとたんに
私たちの頭の中には
「こちら」と「あちら」の
感覚が生まれます。
この感覚が育っていくと、
本当の姿が見えにくくなります。

ダライ・ラマ14世
チベット仏教の最高指導者（ノーベル平和賞）

怒ってはいけない、
人間は生きている限り、
飲んだり食ったり、
愛したり憎んだりすることから
離れるわけには
いかないものだ。
どんなに大きな悲しみも、
いつか忘れてしまう
ものであり、
だからこそ
生きてもゆかれるんだ。

山本周五郎
作家／『栄花物語』（新潮文庫）

フリードリヒ・フォン・シラー　ゲーテと並ぶドイツ古典主義の劇作家、詩人。青年時代には肉体的自由を、晩年には精神的自由をテーマとした作品を数多く発表。歴史学者でもある。

人間関係は鏡のようなものです。
相手のあなたに対する態度は、
あなたの相手に対する態度
そのものと考えてください。

ジョセフ・マーフィー　アメリカの教育家、自己啓発作家、牧師

ある人間をにくむとすると、
そのときわたしたちは、
自分自身のなかに
巣くっている何かを、
その人間の像のなかで
にくんでいるわけだ。
自分自身のなかに
ないものなんか、
私たちを
興奮させはしないもの。

ヘルマン・ヘッセ
スイスの詩人、作家／『デミアン』（岩波文庫）

料理人に会ったら料理のこと、
運転手に会ったらクルマのこと、
坊さんに会ったら
あの世のことでも何でも、
知ったかぶりせずに、
素直な気持ちで
聞いてみたらいい。
自慢話なんかしているより、
ずっと世界が広がるし、
何より場が楽しくなる。
たとえ知っていたとしても、
一応ちゃんと聞くんだ。

北野 武（ビートたけし）
お笑い芸人、映画監督

人付き合いが
うまいというのは、
人を許せるということだ。

ロバート・フロスト
アメリカの詩人

議論は知識の交換であり、
口論は無知の交換である。

ロバート・クィレン　アメリカの作家

だれにだって
あるんだよ、
ひとにはいえない
くるしみが、
だれにだって
あるんだよ、
ひとにはいえない
かなしみが、
ただだまっている
だけなんだよ、
いえば
ぐちになるから。

相田みつを
日本の詩人／詩集『にんげんだもの』

ヘルマン・ヘッセ　20世紀前半のドイツを代表する作家、詩人。第一次世界大戦を境に、穏やかで牧歌的な作品から、現代文明を批判するような内容に変化。ナチスから弾圧された。

いまだかつて一度も
敵を作ったことのないような人間は、
けっして友達ももったことはない。

アルフレッド・テニスン　イギリスの詩人／『王の偶像』

人間はどんなに
資質の劣る人であっても、
理解されていると
感じさえすれば正道に戻れ、
能力も発揮できるように
なるものである。

塩野七生　作家

人間は行動を約束する
ことはできるが、
感情は約束できない。
思うに、感情は
気まぐれだからである。

フリードリヒ・ニーチェ　ドイツの哲学者／『人間的な、あまりに人間的な』

おしゃべりの人は、
たとえ本当のことを言っても、
不審の目を向けられる。

プルタルコス　帝政ローマ時代の著述家／『饒舌について』（『ギリシア・ローマ名言集』岩波文庫）

人を信じよ。
しかし、その百倍も自らを信じよ。
時によっては、信じきっていた人々に
裏切られることもある。
そんなとき、自分自身が強い楯であり、
味方であることが、
絶望を克服できる唯一の道なのだ。

手塚治虫　漫画家／『あなたに贈る81人のことば』1986年11月25日（全日本社会教育連合会）

目上に対しては謙虚に、
同僚に対しては礼儀正しく、
目下には優しくふるまう。
これはみんなが
心地よく生きるための
社会生活のルールである。

ベンジャミン・フランクリン
アメリカの政治家（建国の父）、外交官、著述家

あなたが、
コントロールすべき人間の中で
地上最低でもっとも手強く、
もっともキザな人間、
それはあなただ。
もし、あなた自身を
コントロールできるなら、
他の人間を扱うのは
いともたやすい。

ジョン・ジェームズ・ベックレー
アメリカ議会の初代司書、政治運動マネージャー

互いに助け合わないと
生きていけないところに、
人間最大の弱みがあり、
その弱みゆえに
お互いに助け合うところに、
人間最大の強みが
あるのである。

下村湖人
作家

その子を知らざれば
その友をみよ。
その君を知らざれば
その左右をみよ。

荀子
古代中国の思想家、儒学者

その人物を知りたければ、友人を見ればいい。君主を知りたければそれを補佐する左右の側近を見よ。好人物の周りには、優秀な人物が集まるからだ。

優劣をつけない生き方とは

自分をその人より優れているとも、偉大であるとも思わないこと。
また、その人を自分より優れているとも、偉大であるとも思わないこと。
そうした時、人と生きるのがたやすくなる。

レフ・トルストイ
ロシアの作家、思想家

『戦争と平和』などの作品で知られるトルストイは、原始キリスト教的な隣人愛を説く求道者として今も愛され続けている。そんな大文豪が示す処世のコツがこの言葉だ。人は自分と他人を比較しがちで、それが反感や嫉妬を呼び、ひいては軋轢を生む。誰もが同じ人間、という気持ちを心の隅に持っていたい。

プルタルコス　1～2世紀のギリシアの哲学者、著述家。ローマで哲学を教え、のちのハドリアヌス帝の教育も行う。その後、故郷で執筆活動に専念。神託で有名なデルフォイの神官も務めた。

ひとは軽蔑されたと感じたとき
最もよく怒る。
だから自信のある者は
あまり怒らない。

三木 清
哲学者／『人生論ノート』（新潮文庫）

面と向かって
人を誉めたがるやつは、
影に回ると
悪口を言いたがる。

荘子
古代中国の思想家／『荘子』

人間を善悪で区分けするなど
愚かなことだ。
人間は魅力的か退屈かの
どちらかである。

オスカー・ワイルド
アイルランド出身の作家

八方美人に人はついてこない

誰からも良い人だと思われることを目指すと、誰からもどうでもいい人になってしまいますよ。だからこれからは、嫌われる勇気を持ちなさい。

秋元 康
作曲家、プロデューサー

ＡＫＢ48の総合プロデューサーとして活躍する秋元は、高橋みなみが初代総監督となった当時、自分の意見を持つこと、嫌われる勇気を持つことを助言した。事なかれの八方美人ではメンバーは伸びない。嫌われることを恐れず、目標に向かう姿勢を示すことが人をまとめる、組織を動かす、ということである。

人を不安にするものは、
事柄そのものではなく、
むしろそれに関する
人の考えである。

カール・ヒルティ　スイスの哲学者、法学者／『幸福論』

人間社会の仕事には、
相手があるんです。
したがって、
相手の役に立てばいいんです。
そうすれば、必ず成功する。

石井誠二
つぼ八創業者／『企業の品格』（PHP研究所）

人間関係で悩んでいる人は、
他人との折り合いの悪さで
悩んでいるのではありません。
自分との折り合いの悪さで
悩んでいるのです。

ジョセフ・マーフィー
アメリカの教育家、自己啓発作家、牧師

他人と自分を比べて
優越感や劣等感を持つのは
くだらない他人志向。
大切なのは自己志向。
自分が満足して
自分が納得すればいい。

美輪明宏
歌手、俳優、演出家

人を誘惑することの
できないような者は、
人を救うこともできない。

キルケゴール
デンマークの哲学者、宗教思想家／『誘惑者の日記』

我々は、
我々自身を冷笑しないために、
自分以外のものを冷笑する。

ヴォーヴナルグ
フランスのモラリスト

他人を許すことの
できない人は、
自分自身が
渡らなければならない橋を
壊しているようなものである。
人は誰でも許されなければ
ならないからだ。

トーマス・フラー
イギリスの神学者、警句家

ヴォーヴナルグ　軍人を志すが病で断念。友人のヴォルテールらに支えられ、文学の道を進む。
当時主流の古典主義に敬意を払いながらも、個人の感情を重んじ、ロマン主義の先駆けとなる。

人にほめられて有頂天になり、
人にくさされて憂うつになるなんて
およそナンセンス。
なぜなら、そんなことぐらいで
自分自身の値打ちが
急に変わるものではない。

立石一真　オムロン創業者／『私の履歴書 昭和の経営者群像5』（日本経済新聞社）

あなたの上司に対する
あなたの考え方や評価を
変えなさい。
あなたが肯定的に評価すれば、
相手もそのように
ふるまうでしょう。

ジョセフ・マーフィー
アメリカの教育家、自己啓発作家、牧師

反逆とは、
行動に表れる前に、
心の中にひそかに
芽生えるものだ。

ジョナサン・スウィフト
アイルランドの風刺作家、随筆家／『ガリバー旅行記』（角川文庫）

孤独とは
物事を深く考えるチャンス。
友達が多いことは
必ずしも幸せではない。

美輪明宏
歌手、俳優、演出家

相手を重要人物として扱い、
誠意を持って協力を要請すれば、
敵対者もまた友人にすることができる。

デール・カーネギー　アメリカの教育者、自己啓発作家

激怒しているときには何もするな。嵐の海に漕ぎ出すようなものだ。

トーマス・フラー　イギリスの神学者、警句家

もしもこの世が喜びばかりならば、人は決して勇気と忍耐を学ばないだろう。

ヘレン・ケラー　アメリカの教育者、作家

我々が苦痛を我慢すればするほど、(相手の)残虐性はいよいよ強まる。

ジョージ・ハーバート　イギリスの詩人、神学者／『知恵の投槍』

人間一人ひとりを見ると、みんな利口で分別ありげだが、集団をなせばたちまち馬鹿が出てくる。

フリードリヒ・フォン・シラー　ドイツの詩人、歴史学者、劇作家、思想家

ジョナサン・スウィフト　17～18世紀のイギリス古典時代を代表するアイルランドの風刺作家、司祭。政治活動にも熱心だったが、敗北し故郷に戻ってから『ガリバー旅行記』などの名作を残す。

人間は聡明で善良であればあるほど、他人のよさを認める。だが、愚かで意地悪であればあるほど、他人の欠点を探す。

レフ・トルストイ　ロシアの作家、思想家

友を得る唯一の方法は、みずから人の友となることである。

ラルフ・ウォルドー・エマーソン
アメリカの思想家、作家、詩人／『随想集』

あゆは瀬にすむ、鳥は木にとまる、人は情けの下にすむ。

良寛
曹洞宗の僧侶、歌人、漢詩人、書家

自分に誠実でないものは、決して他人に誠実であり得ない。

夏目漱石
作家、評論家、英文学者／『行人』

強がりはコンプレックスの裏返し。「強く見せる」努力はやめて、「強くなる」努力をすることだ。

アルフレッド・アドラー
オーストリア出身の心理学者／『アルフレッド・アドラー 人生に革命が起きる100の言葉』（ダイヤモンド社）

至誠《しせい》にして動かざるものは未《いま》だ之《これ》有らざるなり。

孟子
古代中国の儒学者／『孟子』

誠実さがあれば、人を感動させ、動かすことができる。周囲の人が動かないのは、いまだ誠実さが足りないからだ。幕末の志士を数多く育てた吉田松陰が好んだ言葉としても知られる。

率直なご意見を伺いたいとか、厳しくご批評下さいといいながら、内心ではただ称賛のことばを待っている。率直に批評した者がそれによって憎まれなくても、より多く愛されることはまずありません。

ハイネ
ドイツの詩人、作家／『シュタイン宛書簡』

相手は
間違っているかもしれないが、
彼自身は
自分が間違っているとは
決して思っていない。
だから、相手を非難しても
始まらない。

デール・カーネギー
アメリカの教育者、自己啓発作家

我という人の心はただひとり、
われより外に知る人はなし。

谷崎潤一郎
作家

恋と同じで、
憎悪も人を信じやすくさせる。

ジャン・ジャック・ルソー
フランスの哲学者

非暴力は暴力よりも無限にすぐれているし、
許すことは処罰するよりはるかに男らしい。

マハトマ・ガンジー　インドの独立運動家、弁護士

協力が億万長者につながった

人間、優れた仕事をするためには、自分ひとりでやるよりも、他人の助けを借りるほうが、良いものができると悟ったとき、その人は偉大なる成長を遂げるのである。

アンドリュー・カーネギー
アメリカの鉄鋼王

崩れゆく木製の橋を見て鉄の時代を予感し、貧しい移民の子から全米の鉄鋼王へとのし上がったカーネギーは、〝アメリカン・ドリーム〟の草分け的存在だ。

ある日、議会の聴聞会に呼ばれたカーネギーは、とても細かな質問をされた。無学な彼を困らせようという嫌がらせだ。しかし彼は笑って「そんな細かな情報を知らなくても会社は経営できます。なぜなら私はどこに行って、誰に聞けばその情報を得られるか知ってますから」と答え、議会を黙らせたという。カーネギーの会社では約50人の中心スタッフが一丸となって彼を支えていた。ひとりの力には限界がある。良き協力者こそが彼の本当の財産だった。

良寛（りょうかん）　江戸時代後期の曹洞宗の僧で歌人。20年以上、諸国行脚し生涯寺を持たなかった。山に隠棲し、独自の枯淡な境地を和歌・書・漢詩に表現。万葉風の作品は高く評価される。

裏切られないお金の貸し方

貸すならば、なくしても惜しくないだけの額を貸すことだ。

ジョージ・ハーバート
イギリスの詩人、神学者

奇抜な比喩を用いた形而上詩人のひとりで、国王の寵愛を受けた人物の言葉だ。友達同士でのお金の貸し借りは友情を壊しかねないのでタブーである。彼の知恵は、やむを得ない場合の貸し方だ。なくしても惜しくない額を貸す。つまり最初から返済を期待しなければ、催促することも、後で裏切られたと感じることもなくなる。

もっともよい復讐の方法は自分まで同じような行為をしないことだ。

マルクス・アウレリウス・アントニヌス　古代ローマの皇帝（哲人皇帝）／『自省録』（岩波文庫）

多くの愚者を友とするよりは、ひとりの知者を友とすべきである。

デモクリストス
古代ギリシアの自然哲学者

君の失敗を友人に告げること、それが友人を大いに信頼するということだ。友人の失敗を友人につげるより、より偉大な信頼なのだ。

ベンジャミン・フランクリン
アメリカの政治家（建国の父）、外交官、著述家

「常に約束を守る」という習慣を育成すれば、信頼の橋を築くことになる。その橋が、あなたと他の人の間に横たわる溝を超えるものになる。

スティーブン・R・コヴィー
アメリカの作家、経営コンサルタント／『賢人たちに学ぶ 道をひらく言葉』（かんき出版）

許すということ、これが仏教の極意です。

瀬戸内寂聴
作家、天台宗の尼僧

人と共にして失敗した責任を
分かち合うのはよいが、
成功した功績は
共有しようとしてはならない。
共有しようとすると、
仲たがいの心が生じてくる。

洪《こう》自《じ》誠《せい》
中国明代の著作家／『菜根譚』（岩波文庫）

目下の者たちに
少しも気兼ねしない
人間に限って、
目上の者には
ひどく気兼ねするものだ。

イワン・ツルゲーネフ
ロシアの作家

あなたがとがめてよい人は誰もいません。
いるとすれば、それはあなた自身です。

ジョセフ・マーフィー　アメリカの教育家、自己啓発作家、牧師

一瞬だけ幸福になりたいのなら、復讐しなさい。
永遠に幸福になりたいのなら、許しなさい。

アンリ・ラコルデール　フランスの聖職者

私たちは
何事にも刃向かえる。
だが、好意にだけは
反抗できない。

ジャン・ジャック・ルソー
フランスの哲学者

人は誰もが、ひとりで
自分の部屋にいる時より、
外で他の人の間に
交じっている時に、
寂しさを意識することが
多いのではないでしょうか。

ヘンリー・デイヴィッド・ソロー
アメリカの作家、思想家、詩人、博物学者／
『ウォールデン 森の生活』（岩波文庫）

ジョセフ・マーフィー　アイルランド出身のアメリカで活躍した自己啓発作家。潜在意識を利用することで人々を成功や幸福に導く、「マーフィーの成功法則」の提唱者として知られる。

悪役だから成しえた新国家建設

目標を達成するためには、人間対人間のうじうじした関係に沈み込んでいたら物事は進まない。そういうものを振り切って、前に進む。

大久保利通
幕末・明治の政治家

明治維新の礎を築いた大久保は、新政府の最高権力者となり、まっしぐらに富国強兵政策を進めた。欧米列強に早く追いつこうとする深謀遠慮があったためだ。非情なまでの新国家建設は盟友・西郷隆盛の討伐、自身の暗殺という悲劇につながる。今でも大久保を嫌う人は多いが、彼なくして日本の近代化はなかった。

「ダメな子」とか、「わるい子」なんて子どもは、ひとりだっていないのです。もし、そんなレッテルのついた子どもがいるとしたら、それはもう、その子たちをそんなふうに見ることしかできない大人たちの精神が貧しいのだ。

手塚治虫　漫画家

意地の悪い人間は、その意地悪さを発揮する相手がいないと淋しいに違いない。

谷崎潤一郎
作家

自分を笑うことができる者は、他人に笑われることがない。

ユダヤ教の聖典『タムルード』

家族や友人や同僚のやる気を起こさせる唯一の方法は、協力したいと思わせることだ。そして、感謝して正当に評価することと、心から励ますことなのである。

デール・カーネギー
アメリカの教育者、自己啓発作家

感情は、
しばしば精神の歪みから
やってくる。
精神がときとして、
感情の投影でないとしたら、
いっそう柔軟なものになろう。

シャルドンヌ
フランスの作家、出版社の共同経営者／『愛、愛よりも豊かなるもの』

逆境に堪えられる者は多いが、
軽蔑に堪えられる者は少ない。

トーマス・フラー
イギリスの神学者、警句家

雨の日は、雨を愛そう、
風の日は、風を好もう、
晴れた日は、散歩しよう、
貧しくば、心に富もう。

堀口大學
詩人

人ははっきりと
裏切るつもりで裏切るよりも、
弱さから裏切ることが多い。

ラ・ロシュフコー
フランスのモラリスト、著述家

友人らしく見える人たちとは、
たいてい友人ではなく、
そう見えない人が、
たいてい友人である。

デモクリストス
古代ギリシアの自然哲学者／『選集』

もっとも仲のよい同士、
互いに認め合っている人々も、
互いの考えをすべて言い合ったら、
生涯の敵となろう。

デュクロ　フランスの作家／「断片」

たったひとりでもよいから
なんでも自分の
思っていることを
素直に話せる相手が
いてくれたら
どんなにありがたい
ことだろう。

フローレンス・ナイチンゲール
イギリスの看護師

人の数だけ意見あり。

テレンティウス
共和政ローマの劇作家／『フォルミオ』

堀口大學（ほりぐち・だいがく）　19～20世紀の詩人、翻訳家、フランス文学者。創作詩やフランス詩の翻訳で日本の文壇に新風を吹き込み、中原中也など若い文学者に多大な影響を与えた。

嫉妬は恋とともに生まれるが、嫉妬は必ずしも恋とともに滅びはしない。

ラ・ロシュフコー　フランスのモラリスト、著述家／『道徳的反省』

情念はしばしば自分とは反対の情念を生み出す。吝嗇《りんしょく》はしばしば乱費を、乱費はまた、吝嗇を生む。人はしばしば弱きがゆえに強く、臆病なるがゆえに大胆である。

ラ・ロシュフコー
フランスのモラリスト、著述家／『道徳的反省』

恋をして生まれる激しい感情は、本来の自分とは異なる自分、思っていたこととは逆の感情も生み出してしまう。慎ましい生活が派手に変わったり、派手な生活が慎ましくなったり。人は弱く、臆病だからこそ、自らを守るために、強く大胆な行動を取るのである。恋をすると、その落差がより激しくなるのを自覚している人は多いはずだ。

恋の悲しみを知らぬものに恋の味は話せない。

伊藤左千夫
歌人

夫婦という社会では、それぞれの仕事しだいで各自が相手を助け、あるいは相手を支配する。だから夫婦は対等だが、異なっている。彼らは異なるからこそ対等なのである。

アラン
フランスの作家、詩人、哲学者／『人間語録』

愛も信仰と同じように、日々のささやかな勤行《ごんぎょう》によって維持される。

ジョルジュ・ローデンバック
ベルギーの詩人、作家／『死都ブリュージュ』（岩波文庫）

人間の心は愛することを学びながら苦しむことも同時に学ぶ。

ウジェニー・ド・ゲラン
フランスの日記作家

我々が人生で直面する憎しみのほとんどは、単に嫉妬か、あるいは辱められた愛にほかならない。

カール・ヒルティ
スイスの哲学者、法学者／『眠られぬ夜のために』

悪妻は
百年の不作であるという。
しかし、女性にとって
悪夫は百年の飢《き》饉《きん》である。

菊池 寛 小説家、劇作家

別れる男に、
花の名を
一つ教えておきなさい。
花は毎年必ず咲きます。

川端康成 作家／『化粧の天使達・花』（『掌の小説』）

恋には必ず終わりがある。花の名前も知らないような恋人にその名を教えるのは、その花が毎年咲くのを見たときぐらいは、彼に自分のことを思い出してもらいたいという、女性の切ない思いが込められている。一方で、花を見る度に別れた女性を思い出させようという、女性側の復讐が込められた行為とも解釈できる。

歳月の流れというものによって、
友情の絆は強まるものの、
愛の絆は弱まるものである。

ラ・ブリュイエール フランスのモラリスト、作家

ジョルジュ・ローデンバック　19世紀末、故郷フランドル地方の風物に託して、沈鬱な夢想的世界を表現した詩人。パリ遊学中にボードレールの作品に触れ、象徴派の詩人と交遊を深めた。

男性は知っていることを言うが、
女性は人を喜ばせることを言う。

ジャン・ジャック・ルソー
フランスの哲学者／『エミール』（岩波文庫）

醜い女なんていない。
ただ、美しく見せるすべを
知らない女がいるだけだ。

ラ・ブリュイエール
フランスのモラリスト、作家

嫉妬の心には愛よりも
さらに多くの自己愛がある。

ラ・ロシュフコー
フランスのモラリスト、著述家／『道徳的反省』

私は確信したい。
人間は恋と革命のために
生まれてきたのだ。

太宰 治　作家／『斜陽』

恋は決闘です。
もし右を見たり左を見たり
していたら敗北です。

ロマン・ロラン　フランスの作家

謙虚な愛は、
暴虐よりずっと効果の多い
怖ろしい力である。

フョードル・ドストエフスキー
ロシアの作家、思想家

大きな愛や仕事には
大きなリスクがつきものだ
ということを
考慮にいれなさい。

ダライ・ラマ14世
チベット仏教の最高指導者（ノーベル平和賞）

愛の悲劇というものはない。
愛が無いことの中にのみ
悲劇がある。

モーリス・テスカ
フランスの作家、ジャーナリスト／『シモーヌ』

愛は喪失であり、断念である。
愛はすべてを人に
与えてしまったときに、
もっとも富んでいる。

グッコー
ドイツの作家

君がいい妻を持てば幸福になるであろうし、悪い妻を持てば哲学者になるであろう。

ソクラテス　古代ギリシアの哲学者

はかなくも美しい人魚姫の愛

愛されることには失敗したけれど、愛することなら、うまくゆくかも知れない。そう、きっと素晴らしい泡になれるでしょう。

寺山修司
劇作家、詩人／『人魚姫』

人形劇の戯曲として書かれたこの作品は、話の流れはアンデルセン童話とほぼ同じだが、より起伏が激しい物語となっている。原作と異なるのは人魚姫の恋心が相手に伝わっている点。つまり、はっきりと振られているのだ。それでも愛したことに後悔はないと愛に殉じる。人魚姫の深く美しい愛が込められている。

恋人として男と女のちがう点は、女は一日じゅう恋愛をしていられるが、男はときどきしかできないということである。

サマセット・モーム
イギリスの作家

男にとって愛は生活の一部であるが、女にとって愛はその全部である。

バイロン
イギリスの詩人

自分が愛されている、と思っている女はいつも魅力があるものだ。

伊藤 整
作家、詩人、文芸評論家、翻訳家／『変容』（岩波文庫）

バイロン　近親相姦や奔放な女性遍歴を持つ一方、社会の偽善に対する反抗精神を基盤に、近代的自我意識を強烈に表現した作品で知られる。ゲーテから「今世紀最大の天才」と賞賛された。

恋が芽生えるには、ごく少量の希望があれば十分である。

スタンダール
フランスの作家／『恋愛論』

愛は信頼の行為である。神が存在するかしないかはどうでもよい。信ずるから信ずるのである。愛するから愛するのである。たいした理由はない。

ロマン・ロラン
フランスの作家

愛なくしては、なんびとも、すぐれた才能を持っている人でさえ、幸福ではありえない。

カール・ヒルティ
スイスの哲学者、法学者

結婚生活でいちばん大切なものは忍耐である。

アントン・チェーホフ
ロシアの劇作家

火が光のはじめであるように、常に愛が知識のはじめである。

トーマス・カーライル
イギリスの思想家、歴史家

結婚とは、臆病者のまえに用意されたたったひとつの冒険である。

ヴォルテール
フランスの哲学者、作家、歴史家

男は女の最初の恋人になりたがるが、女は男の最後の恋人になりたがる。

オスカー・ワイルド
アイルランド出身の作家

人間というものは、不幸のどんぞこにいる時でも、たいそう見栄をはることがあるものです。

ハンス・クリスチャン・アンデルセン
デンマークの童話作家／『絵のない絵本』

自ら苦しむか、もしくは他人を苦しませるか。そのいずれか無しには恋というものは存在しない。

アンリ・ド・レニエ
フランスの詩人、作家／『どんく』

失恋のすべてを通じて確かなことは、
僕等はどんな失恋をするにしろ
それは恋を失うことでは
ないということです。
失恋とは恋人を失うことかもしれないが、
決して恋を失うことではない。

谷川俊太郎　詩人、作家／『愛のパンセ』

嫌い嫌いも好きのうち？

女性の口から出る
「いいえ」は
否定ではない。

フィリップ・シドニー
イギリスの詩人

フィリップ・シドニーは散文ロマンス『アーケイディア』など英文学史に残る名作を残した人物で、シェイクスピアはじめ、後進に大きな影響を与えている。宗教戦争で戦死したが、死の間際、水筒の水を傷ついた兵卒に譲った逸話が有名だ。恋多き生涯でもあり、ソネット（14行詩）『アストロフェルとステラ』などを書く動機付けにもなった。

ウィットに富んだこの言葉は、男女間の複雑な機微を表わす。人の思いには言葉で言い表せないものが存在する。ただし、言葉の裏を察してほしい、相手に理解されたいという意味の「いいえ」があるのも確かだが、残念ながら額面通りの「ノー」もあることは肝に銘じておこう。

谷川俊太郎（たにかわ・しゅんたろう）　詩作だけでなく作詞や脚本・エッセイの執筆、評論活動も行う。80冊以上の詩集・詩選集を出版。さまざまな言語に翻訳され、国外のファンも多い。

愛のあるところ、常に楽園あり。

ジャン・パウル　ドイツの作家

二人が睦まじく
いるためには
愚かでいるほうがいい、
立派すぎないほうがいい。
立派すぎることは
長持ちしないことだと
気づいているほうがいい。

吉野弘　詩人／『祝婚歌』

復讐と恋愛においては、女は男よりも野蛮である。

フリードリヒ・ニーチェ　ドイツの哲学者／『善悪の彼岸』（岩波文庫）

できるだけ早く
結婚をするのが、女の仕事で、
できるだけ永く
結婚しまいとするのが、
男の仕事なのだ。

バーナード・ショー
アイルランドの作家（ノーベル文学賞）、
政治家、教育家／『人と超人』（岩波文庫）

月の光も雨の音も、
恋してこそ
初めて新しい色と
響《ひびき》を生ずる。

永井荷風
作家／『歓楽』

結婚——いかなる羅針盤も、
かつて航路を発見したことが
ない荒海である。

ハイネ
ドイツの詩人、作家

幸福というものは、
ひとりでは
決して味わえないものです。

アレクセイ・アルブーゾフ
ロシアの劇作家

真実を愛せ。ただし過ちは許せ。

ヴォルテール　フランスの哲学者、作家、歴史家

真の恋の兆候は、
男においては臆病さに、
女は大胆さにある。

ヴィクトル・ユーゴー
フランスの詩人、作家／
『レ・ミゼラブル』（岩波文庫）

恋に焦がれて 鳴く蟬よりも
鳴かぬ蛍が 身を焦がす

江戸中期の民謡
『山家鳥虫歌』（岩波文庫）

王国を統治するよりも、
家庭内を治めることのほうが
むずかしい。

ミシェル・ド・モンテーニュ
フランスの哲学者、思想家／『エセー』

夫婦の仲はあまりつづけて一緒にいると、冷めやすいし、くっついてばかりいると損なわれやすい。知らない女性はどれも愛想がよく見える。

ミシェル・ド・モンテーニュ
フランスの哲学者、思想家／『エセー』（岩波文庫）

恋をすると、人は信じていることもしばしば疑う。

スタンダール
フランスの作家

恋はほどほどにするものだ、そのような恋こそ長続きする。

ウィリアム・シェイクスピア　イギリスの劇作家／『ロミオとジュリエット』

夫婦別あり。

孟子
古代中国の儒学者／『孟子』

夫婦間にも、礼儀や遠慮が必要だという意味。結婚してまで堅苦しい関係ではいたくないと思うかもしれないが、相手への思いやりは忘れないことだ。

恋を定義するのは難しい。強いて言えば、恋は心においては共感であり、そして肉体においては、おおいにもったいをつけて愛する人を所有しようとする、隠微な欲望にほかならない。

ラ・ロシュフコー
フランスのモラリスト

心穏やかなときに人を愛せ

心が激しているときには、人は誤って愛する。本当に愛するには落ち着いて愛さなければならない。

ジョセフ・ジュベール
フランスのモラリスト、作家

生涯を読書と瞑想で過ごしたジュベールには、生前、一作も著作がなかった。死後、断片的なメモ書きが『パンセ』（考察の意。ブレーズ・パスカルにも同名の本がある）としてまとめられた。恋愛は人を盲目にするので一時の激情に身を任せてはならない。彼には「まったくの幸福は、魂の全体の平穏な裡《うち》に存する」という言葉もある。

スタンダール　ナポレオンのイタリア遠征に参加しイタリアに魅了され、のちミラノに移住。『恋愛論』などを発表。社会批判と心理描写に優れた作家で、近代リアリズム小説の先駆者とされる。

結婚したほうがよいでしょうか、それとも、しないほうがよいでしょうかと訊ねられたとき、「どちらにしても、君は後悔するだろう」と彼は答えた。

ディオゲネス・ラエルティオス
3世紀ギリシアの哲学史家／『ソクラテス』（『ギリシア哲学者列伝』岩波文庫）

男は結婚するとき、女が変わらないことを望む。女は結婚するとき、男が変わることを望む。お互いに失望する事を避けることはできない。

アルバート・アインシュタイン
ドイツ生まれの理論物理学者

モテ思想家が語る恋愛の真実

人は、実際の恋愛対象よりも、自分で心に描き出した相手の像のほうをいっそう愛する。人がその愛する者を正確にあるがままに見るならば、もはや地上に恋はなくなるだろう。

ジャン・ジャック・ルソー
フランスの哲学者

ルソーは18世紀を代表する思想家で、その自由と平等の精神はフランス革命、日本の自由民権運動にも影響を与えた。一方で美貌のマダムと浮き名を流す恋愛の達人でもあり、小説風教育論『エミール』などではセックス、性欲の話も大まじめに語られる。恋する人間はもれなく、平等に、大いなる錯覚に陥るのだと。

結婚する前には、両目を大きく開いてみよ。結婚してからは片目を閉じよ。

トーマス・フラー　イギリスの神学者、警句家

結婚したまえ、君は後悔するだろう。
結婚しないでいたまえ、
君は後悔するだろう。

キルケゴール　デンマークの哲学者、宗教思想家

結婚は、個人を孤独から救い、
彼らに家庭と子供を与えて
空間の中に安定させる。
生存の決定的な
目的遂行である。

ボーヴォワール
フランスの作家、哲学者

大恋愛も
耐え忍ぶことが大切です。

ココ・シャネル
フランスのファッションデザイナー

愛すまいとするが
意のままに
ならなかったように、
永遠に愛そうとしても
意のままにはならない。

ラ・ブリュイエール
フランスのモラリスト、作家

ボーヴォワール　哲学者で作家のサルトルと、互いの自由を尊重する「契約結婚」を結んだことでも知られ、フェミニズムの立場から女性の解放を求めて執筆活動に取り組んだ。

男と女が結婚したときには、彼らの小説は終わりを告げ、彼らの歴史が始まる。

ロミュビリュズ　詳細不明

家庭は日本人
最大多数にとりては
幸福なる処ではなくして
忍耐の所である。

内村鑑三
思想家／『所感十年』

結婚は早すぎてもいけない、
おそすぎてもいけない、
無理がいちばんいけない、
自然がいい。

武《む》者《しゃ》小《のこう》路《じ》実《さね》篤《あつ》
作家、詩人

好きな人と口論になったときに、
現在の状況だけについて
問いなさい、
過去のことは
持ち出さないように。

ダライ・ラマ14世
チベット仏教の最高指導者（ノーベル平和賞）

戸惑えば戸惑うほど、
それは愛している
ということなの。

アリス・ウォーカー
アメリカの作家、フェミニスト

恋とは、我々の魂の
もっとも純粋な部分が、
未知のものに向かって抱く、
聖なる憧れである。

ジョルジュ・サンド
フランスの作家

女の欠点を知ろうと思ったら、
彼女の女友達の前で、
彼女を誉めてみることだ。

ベンジャミン・フランクリン
アメリカの政治家（建国の父）、外交官、著述家

我々は恋をすると、
現在はっきりと
信じているものまでも
疑うようになることが、
しばしばある。

ラ・ロシュフコー
フランスのモラリスト、著述家

あらゆる大望の最終目的は、
幸福な家庭を
築き上げることにある。
幸福な家庭は
あらゆる事業と努力の
目標である。
また、あらゆる欲求が
これに刺激されて実現される。

サミュエル・ジョンソン
イギリスの作家

愛とは何か、本当は私には分りません。
愛と言うのは、
執着という醜いものにつけた仮りの、
美しい嘘の呼び名かと、
私はよく思います。

伊藤整　作家、詩人、文芸評論家、翻訳家／『変容』（岩波文庫）

終わりがあるからこその恋

恋を得たことの
ない人は不幸である。
それにもまして、
恋を失ったことの
ない人は
もっと不幸である。

瀬戸内寂聴《じゃくちょう》
作家、天台宗の尼僧

出家前の名は晴美、その半生は火花のように激しいものだった。若くして見合い結婚し、一女をもうけた。だが、夫の教え子と不倫関係となり、夫と3歳の娘を捨てて出奔。その相手ともまもなく別れ、無一物となる。小説家として才能を花開かせたあと、3人の男性との出会いと別れを経て、51歳で得度した。

奔放に映る生き方の裏にあったのが「生きるとは一瞬一瞬、真剣に生命の火を燃やし続けること」という命懸けの信念である。この言葉は随筆『ひとりでも生きられる』の冒頭の言葉で、「多く傷つくことは多く愛した証」と続けられ、愛は必ず終わるが、「かけがえのない唯一の真実」と説いている。

ジョルジュ・サンド　19世紀フランスの女流作家で、フランツ・リストやショパンの恋人だったこともある。やがて政治志向を強め、マルクスらと交流。女性権利拡張運動を主導している。

結婚は鳥カゴのようなものだ。
カゴの外の鳥は餌箱をついばみたくて中へ入りたがり、
カゴの中の鳥は空を飛びたくて外へ出たがる。

ミシェル・ド・モンテーニュ　フランスの哲学者、思想家

愛が主人であり、
友情が訪問客である
あらゆる家庭は、
まさに「楽しきわが家」
と呼ぶにふさわしい。
なぜなら、そういう家庭でこそ
心の疲れが休まるからだ。

ヘンリー・ヴァン・ダイク
アメリカの著述家、教育者、牧師

人は判断力の欠如で結婚し、忍耐力の欠如で離婚し、記憶力の欠如で再婚する。

アルマン・サラクルー
フランスの劇作家

相手を尊敬できないなら
恋は起こりえない。

フリードリヒ・フォン・シラー
ドイツの詩人、歴史学者、劇作家、思想家

人は愛することを
学ばなければならない。
それを手に入れるためには、
聖杯を探し求める
騎士のように
多くの困難を
くぐり抜けなければ
ならない。
そして、その旅は
常に相手の魂に向かって
進むべきであって、
そこから逃げてはいけない。

ゲーテ
ドイツの詩人、劇作家、自然科学者

夫婦の愛情を求めた末路は?

夫婦間の
愛情ってものは、
お互いがすっかり
鼻についてから、
やっと湧き出して
くるものなんです。

オスカー・ワイルド
アイルランド出身の作家

恋人同士と毎日顔を突き合わせて暮らす夫婦における愛情は、まったく別のものである。大恋愛の末に結婚したワイルドの言葉には、長年連れ添った者だけにわかる感慨がある。しかし実際には家庭は崩壊へ向かう。彼は男色の罪で逮捕され、釈放後に妻子との再会を望んだがかなわず、失意のうちに他界したのだ。

アルマン・サラクルー　パリで医学、文学、法学、物理学、化学、生物学など幅広く学び、ジャーナリストから脚本家となる。演劇、レジスタンス運動などについてまとめた著書も発表している。

しばらくふたりで黙っているといい。その沈黙に耐えられる関係かどうか。

キルケゴール　デンマークの哲学者、宗教思想家

理想の夫、理想の妻を
得ようとするから失敗するのだ。
凡夫と凡婦が結婚するのである。

亀井勝一郎《かついかついちろう》
文芸評論家

女は常に
好人物を夫に持ちたがる
ものではない。
しかし男は好人物を
常に友だちに
持ちたがるものである。

芥川龍之介
作家／『侏儒の言葉』（岩波文庫）

なぜ美人は
いつもつまらぬ男と
結婚するんだろう？
賢い男は
美人と結婚しないからさ。

サマセット・モーム
イギリスの作家／『呪われた男』

妻は、やさしくされることを
望んでいるだけではない。
やさしい心で
理解されることを望んでいる。

瀬戸内寂聴
作家、天台宗の尼僧

恋は燃える火と同じで、
絶えず
かき立てられていないと
持続できない。
だから希望を持ったり
不安になったりすることが
なくなると、
たちまち恋は息絶える
のである。

ラ・ロシュフコー
フランスのモラリスト、著述家／
『ラ・ロシュフコー箴言集』（岩波文庫）

離婚した婦人が
前夫に深い恨みや怒り、
悪意を持ち続けていると、
この心的態度は、
またもやよく似た性格の男性を
引きつけてしまいます。
これは男性が女性に対する
場合も同じです。

ジョセフ・マーフィー
アメリカの教育家、自己啓発作家、牧師

人は女に
生まれてくるのではない。
女になるのだ。

ボーヴォワール
フランスの作家、哲学者／『第二の性』

20世紀初頭に生まれたボーヴォワールは、女性の解放を求めて闘った人物。女性らしさが社会的に作られた約束ごとに過ぎないとして、この言葉を発した。社会のお仕着せ、偏見を取り去り、真正面から人と向き合うことが大切だ。

カメレオンのように
常に相手の男性に合わせれば
男性を心地よく
することができる。
女王様になりきるのです。
それで男性が嫌がるなら
お姫様になればいいのです。

アンナ・チャップマン
ロシア人スパイ

恋愛成就の極意はタイミング

恋愛で第一に
大事なことは
何かと聞かれたら、
私は好機をとらえる
ことと答えるだろう。
第二も同じ、
第三もやはりそれだ。

ミシェル・ド・モンテーニュ
フランスの哲学者、思想家／
『エセー』（岩波文庫）

『エセー（随想録）』には穏和な懐疑精神、自然に則した人生観がちりばめられている。早く気持ちを伝えていれば……と、恋のチャンスを逃した人には耳の痛い言葉かもしれない。だが過去は巻き戻せない。原因はすべて自分にある。彼は「判断主体としての自己」を尊重した人でもあり、恋愛観も同様だった。

妻子を持つ者は、
運命に人質を
取られたようなものである。
というのは、妻子は
善であれ、悪であれ、
大事業の足手まといに
なるから。

フランシス・ベーコン
イギリスの哲学者、神学者、法学者／『随想集』

亀井勝一郎（かめい・かついちろう） 学生時代にマルクス主義に触れて労働運動などに奔走し、のち文芸評論家となる。伝統の中に自己と民族の再生の道を求め、古典や仏教美術に傾倒した。

聖人も凡人も、誰もが等しく憎まれている

**ただ誹《そし》られる
だけの人、
またただ褒められる
だけの人は、
過去にも
いなかったし、
未来にも
いないであろう、
現在にもいない。**

ブッダ（釈迦）
仏教の開祖／
『ブッダの真理のことば・感興のことば』（岩波文庫）

仏教の開祖ゴータマ・シッダルータ、のちのブッダ（「目覚めた人」の意味）の生涯は謎に満ちている。現在伝わる仏伝は初期経典にあるブッダの断片的な回想に基づく脚色の多いものであり、生没年など論争になっているものが少なくない。

ただ、ブッダが教えを広める中で多くの苦難を受けたことは想像できる。一説にその生涯には「九横の大難」と呼ばれる苦難があったという。生家シャカ一族の滅亡、旅の苦労などさまざまだが、言われなき誹謗中傷も多くあったという。当時の一大宗派だったバラモン教はじめ、他宗派との衝突も多かっただろう。

経典『ダンマパダ』にあるこの言葉は、「怒りを克服せよ」をテーマに弟子に語った教えで、「この世に誹られない者はない」という言葉に続く一句である。どんな人も必ずどこかで誰かの怒りを買っている。それは当たり前の事実なのだから怒らず聞き流せば良い。自分の身体も心も制御できるのが賢者だ、とする。『ダンマパダ』には「象が戦場で放たれた矢を堪え忍ぶが如く、わたしは非難に堪えよう。多くの人は破戒者であるから」という一句もある。これは絶世の美女マーガンディヤーの嫌がらせを受けたときの言葉ともいう。かつてマーガンディヤーの父がブッダに「娘を嫁に」と申し出たが断られた経緯があり、それを恨んだマーガンディヤーが、お金で人を雇ってブッダ一行に罵詈雑言を浴びせたのである。「誰もが憎まれる」を象徴する事件だった。

第6章 魅力的な人間になるには

人とは違うことを恐れる半面、
心の底では埋没したくない
と思っている人も多いはず。
さまざまな才能を発揮し、
人を惹きつけてきた賢人の言葉には、
魅力を発揮するコツが隠れている。

天才とは努力する凡才のことである。

アルバート・アインシュタイン　ドイツ生まれの理論物理学者

もしも人間の価値が
その仕事で決まるものならば、
馬はどんな人間よりも
価値があるはずだ。
馬はよく働くし、
だいいち文句を言わない。

マクシム・ゴーリキー
ロシアの作家／『どん底』

老年は顔よりも心に多くの皺を刻む。

ミシェル・ド・モンテーニュ　フランスの哲学者、思想家

自分を変えたいという希望は、
誰でも持つものだが、
〝変わる〟のではなく、
個性を磨いて
〝成長〟していくんだ。

リチャード・H・モリタ
カウンセラー／
『自分らしく成功する6つのレッスン
――自分の中の天才を見つける技術』
（イーハトーヴ出版）

すべての偉大な人々は
謙虚である。

レッシング
ドイツの詩人、劇作家、批評家

才能とは、情熱を持続させる能力のこと。

宮崎 駿　アニメ監督

ときに何もかも忘れて
夢を見ることは、
子供よりも大人に必要だ。

塩野七生　作家

変わることに寛容であっても
自分自身の価値観を
失わないように。

ダライ・ラマ14世
チベット仏教の最高指導者（ノーベル平和賞）

私は人生をあるがままに楽しむ。
たとえ救貧院に住んでいても、
楽しい、胸が踊る、
輝かしい人生が送れるはずだ。
夕日は富豪の大邸宅からも
救貧院の窓からも、
輝かしく照り返す。

ヘンリー・デイヴィッド・ソロー
アメリカの作家、思想家、詩人、博物学者

この世にあるもので、
一つとして
過ぎ去らないものは無い、
せめてその中で、誠を残したい。

島崎藤村　作家

マウンティングは逆効果

自分の肩書きを
人に教えようとする
人間は、
すでに自分の人格を
傷つけている。

ユダヤ教の経典
『タムルード』

『タルムード』はユダヤ教の聖典で、生活上の諸問題を論じたものだ。この言葉は「マウンティング」（馬乗りから転じて己の優位を誇示すること）に通じる。肩書きや学歴など、相手より自分が上とアピールして虚栄心を満たそうとする人は、もれなく反感を買い、軽蔑されていることに気づくべきだろう。

島崎藤村（しまざき・とうそん）　大学在学中に、北村透谷らと『文学界』を創刊。詩集『若菜集』で浪漫派詩人として認められ、その後、小説『破戒』などを発表し自然主義の小説家に転じる。

気力は眼に出る。
生活は顔色に出る。
年齢は肩に出る。
教養は声に出る。

土門 拳
写真家／『死ぬことと生きること』（みすず書房）

偉大なる精神は、
偉大なる精神によって
形成される。
ただし、それは
同化によるよりも、
むしろ多くの軋轢《あつれき》による。
ダイヤモンドが
ダイヤモンドを
研磨するのだ。

ハイネ
ドイツの詩人、作家／
『ドイツの宗教と哲学の歴史』

魂のもっとも高度な完成は、
人を楽しませることができる
ということにある。

ヴォーヴナルグ
フランスのモラリスト

確実に幸福な人となる
ただひとつの道は
人を愛することだ。

レフ・トルストイ
ロシアの作家、思想家

まず大切なのは人格であって、
お金でそれを
買うことはできない。
私が信頼していない人は、
いかなることがあろうとも
私からお金を借りることは
できない。

ジョン・ピアポント・モルガン
モルガン財閥の創業者

日本人の美しき礼儀の良さは、
外国人旅行者の誰もが
認めるところである。
だが、もし礼が、
「品性の良さ」を損なう恐れが
あるがために行われる
のであれば、
それは貧弱な徳と
いわねばならない。
なぜなら、礼は他を思いやる心が
外へ表れたものでなければ
ならないからだ。

新渡戸稲造
教育者、思想家／『武士道』（PHP文庫）

真に愛そうとするなら、
許すことを
学ばねばなりません。

マザー・テレサ
カトリック教会の聖人、修道女（ノーベル平和賞）

人間の生の価値は、
その人が何をしたがではなく、
どうしたかに
かかっているべきである。

キルケゴール
デンマークの哲学者、宗教思想家

私は悪人です、
と言うのは、
私は善人です、
と言うことよりもずるい。

坂口安吾
作家／『私は海を抱きしめていたい』

自らを制し得ないものは
自由たり得ず、
怒りは無謀をもって始まり、
後悔をもって終わる。

ピタゴラス
古代ギリシアの数学者、哲学者

楽しいから笑うのではない。笑うから楽しいのだ。

ウィリアム・ジェームズ　アメリカの哲学者、心理学者

どんなに不遇でも我が道を歩む

虫だって光の好きな
のと嫌いなのと
2通りあるんだ。
人間だって同じだよ、
皆が皆明るいなんて
不自然さ。

ヴィンセント・ヴァン・ゴッホ
オランダ生まれの画家

〝炎の画家〟ゴッホの生涯は、富や名声とは無縁だった。光なき暗い道を歩く彼を支えていたのが揺るがぬ絵画哲学だ。10年ほどの画家生活で一貫していたのは、風景にせよ、静物、自画像にせよ「目の前のモチーフを描く」という愚直なリアリズムだった。彼は「自然の言葉」に耳を傾け、対話、想像し、独自の表現を磨いた。『ひまわり』のように見る者へさまざまな思いを抱かせる重層的な絵画はそうして生まれたのだ。

一方で同じ後期印象派でも、モチーフにこだわらず、抽象的表現、象徴主義に傾いたゴーギャンのような人もいる。生き方も芸術も違って当然、大切なのは情熱を傾けられる何かを見つけることだ。

ピタゴラス　前6世紀に活躍した古代ギリシアの数学者で哲学者。ピタゴラスの定理（三平方の定理）や大地球体説、ピタゴラス音律などの発見で知られるほか、優れた音楽家でもある。

ほんとうの勇気というものは、
目撃者のいない場合に
示される。

ラ・ロシュフコー
フランスのモラリスト、著述家／『ラ・ロシュフコー箴言集』（岩波文庫）

かりに相手を騙す気がなくても、
騙されたと思わせるような
曖昧な態度だけは、
断じて取ってはならない。

堤 康次郎
西武グループ創業者

野心はそれ自身では
悪徳だろうが、
しばしばそこから
いろいろな美徳が生まれる。

マルクス・ファビウス・クインティリアヌス
古代ローマの雄弁家、修辞学者／『弁論術教程』

金を失うことは
小さなことである。
信用を失うことは
大きなことである。
しかし、勇気を失うことは、
すべてを失うことである。

ウィンストン・チャーチル
イギリスの政治家、軍人、作家（ノーベル文学賞）

良き悪しき
人の上にて 身を磨け
友は鏡と なるものぞかし

島津忠良
戦国武将

人の行いの善いところと悪いところの両方を参考にして、自らを磨きなさい。友人は自分の鏡となる存在である。

（何かの物事を）
突き詰めた人の話に
いつも説得力があるのは、
振り返ってものを語ることが
できるからだ。

堀場雅夫
堀場製作所創業者／『人の話なんか聞くな！』

いいワインのほうが
若いうちは
ちょっとゴツゴツしてて、
飲みづらくて、
寝かせば寝かすほど、
段々段々まろやかに
柔らかくなってくる。

田崎真也
ソムリエ、元国際ソムリエ協会会長

話し上手の
第1の要素は真実、
第2は良識、
第3は上機嫌、
第4は頓知である。

ウィリアム・テンプル
イギリスの外交官、エッセイスト

忙しいと疲れたは、
自慢にならん。

吉田 茂
外交官、政治家、第45・48〜51代内閣総理大臣

真実と誠実となくしては、
礼儀は茶番であり芝居である。

新渡戸稲造 教育者・思想家／『武士道』（岩波文庫）

万事に先立ち、
まず汝自身を尊敬せよ。

ピタゴラス
古代ギリシアの数学者、哲学者

死の床で記した理想の人間像

雨にも負けず
風にも負けず
雪にも夏の暑さにも
負けぬ
丈夫なからだをもち
慾はなく
決して瞋《いか》らず
いつも静かに笑っている

宮澤賢治
童話作家、詩人／「雨ニモマケズ」

国民的作家だが生前は評価されなかった。晩年のこの詩は闘病中、手帳に鉛筆で記されたもので、死後発見された。文の続きには「ひでり」（日照り）という表現があるが、原文では「ひどり」（日雇い仕事）。出版に当たった編集者はすべて誤記とみなし「ひでり」に校訂しているが、原文通りで良いとする声もある。

ウィリアム・テンプル　17世紀のイギリスの外交官で準男爵（初代）。オランダ、スウェーデンとの三国同盟の締結に尽力。風刺作家ジョナサン・スウィフトのパトロンとして知られる。

やり方は三つしかない。
正しいやり方。
間違ったやり方。
俺のやり方だ。

マーティン・スコセッシ　アメリカの映画監督／『カジノ』

宗教はたくさんあるが、
道徳はひとつのみである。

ジョン・ラスキン
イギリスの美術評論家、社会思想家

笑顔は
1ドルの元手もいらないが、
百万ドルの価値を生み出す。

デール・カーネギー
アメリカの教育者、自己啓発作家

のび太くんを信じなさい。
のび太くんを選んだ
きみの判断は正しかったと
思うよ。
あの青年は、人の幸せを願い、
人の不幸を悲しむことの
できる人だ。
それがいちばん人間にとって
だいじなことだからね。

しずかちゃんのパパのセリフ
漫画『ドラえもん』藤子・F・不二雄（小学館）

まず自分を愛することから
始めなさい。
ユニークで、頑固で、
気まぐれで、お天気やで、
魅力的で、愚かで、聡明で、
素敵で、粋でもある。
あなたという人間を
正しく評価してください。

キャロル・アドリエンヌ
アメリカの社会評論家、占い師

あまりうちとけ過ぎる人間は
尊敬を失いますし、
気やすい人間は
ばかにされますし、
むやみに熱意を見せる人間は
いい食いものにされます。

オノレ・ド・バルザック
フランスの作家／『谷間のゆり』（岩波文庫）

日常すべてを音楽の養分に

雨を感じられる人間もいるし、ただ濡れるだけの奴らもいる。

ボブ・マーリー
ジャマイカのミュージシャン

レゲエは第二次世界大戦後に独立したジャマイカ発祥の音楽である。この国は美しい自然の国であるとともに、貧困、差別など社会的矛盾に満ちた国だった。スラム街に育ち、ホームレスでもあったボブ・マーリーは、さまよいながら、雨に打たれながら、思索を重ねた。自然、社会、目に映る母国のすべてをレゲエの糧としたのだ。

あの人は本当は頭がいいから阿呆の真似ができるのね。上手にとぼけて見せるのは特殊な才能だわ。

ウィリアム・シェイクスピア
イギリスの劇作家／『十二夜』（岩波文庫）

羞恥心は塩のようなものである。それは微妙な問題に味をつけ、情趣をひとしおに深くする。

萩原朔太郎
詩人

何に興味あんの？って言ったら、やっぱ自分にいちばん興味あるしさ。何に腹が立つ？って聞かれれば、やっぱ自分だしさ。誰がいちばん好きかって言えば、これも自分自身なんじゃないかね。

北野 武（ビートたけし）
お笑い芸人、映画監督

キャロル・アドリエンヌ　ユング派の心理学、カウンセリングを学んだアメリカの数秘術界の第一人者。世界的なスピリチュアル・カウンセラーで、『人生の意味』などのベストセラーがある。

20歳の顔は、自然の贈り物。
50歳の顔は、あなたの功績。
女は40歳を過ぎてはじめておもしろくなる。
かけがえのない人間となるためには、
いつも他とは違っていなければならない。

ココ・シャネル　フランスのファッションデザイナー

ひとつの価値観しか
持てない硬直した人間に
ならないために、
A面に仕事、
B面に趣味でも
社会奉仕でも
持って生きていって欲しい。

福原義春
元資生堂社長・会長

自分の足で立っている者は、
決して孤立なんかしない。

ヘンリー・デイヴィッド・ソロー
アメリカの作家、思想家、詩人、博物学者

ロウソクは
自分自身で輝くから、
どんな大きなダイヤよりも
美しい。

マイケル・ファラデー
イギリスの物理学者、化学者

苦難を前にあきらめない人

いったん自分が好きで
選んだことは、
成功するにしろ、
失敗するにしろ、
結果が出るまでとことん
やり抜きなさい。

前畑秀子
元水泳選手（五輪・金メダリスト）／
『勇気、涙、そして愛――前畑は
二度がんばりました』（ごま書房）

前畑は日本人女性初の金メダリスト。ベルリン五輪（1936）のラジオ中継で、アナウンサーの「前畑がんばれ」の声援を知る人も多いだろう。わずかな差で惜敗したり、両親の死に接したりと何度も逆境があったが、その都度立ち上がった。やりきった人の激励には、心を高揚させる力がある。

人の心はパラシュートのようなものだ。
開かなければ使えない。

ジョン・オズボーン　イギリスの劇作家

紙一重の差の重みを知る

紙一重の壁っていうのが、ほんとに紙一重なのかもしれないけど、破ろうとするほうの側から見る紙一重というのは、もう空にも届かぬような冴えを見せる。

アントニオ猪木
プロレスラー

ボクシング世界チャンピオンのモハメッド・アリとの格闘技世界一決定戦はじめ、夢とロマンに満ちた格闘人生で人々を熱狂させた男。ここで論じられているのは「超一流」と「一流」の差だ。当時の彼が目標としたのは、プロレス界の頂点にいたルー・テーズとカール・ゴッチだった。実力的にはほぼ同じだが、彼らと超一流とは「紙一重」としか言いようがない差が歴然と存在する。挑む者にとって紙一重は文字通りの紙一重か、埋め難い差か。この感覚を分けるのが向上心だ。強い向上心を持つ人は常に自身の未熟を意識し、だからこそ真の山の高さを実感できる。慢心する者はこの妙がわからず、結局一流止まりなのである。

吾れ常に此に於て切なり。

洞山良价《とうざんりょうかい》
中国唐代の禅僧

自分はいつでも、今いる場において、今していることに専念し、ひたすらに生きる。今この瞬間に全身全霊を傾け、一生懸命に生きる。魅力的な人間が放つ輝きとは、成功や失敗にこだわらず、その日、その瞬間をひたむきに生きる姿勢から生まれるのかもしれない。

愚者の心は口にあるが、賢者の口は心にある。

ベンジャミン・フランクリン
アメリカの政治家（建国の父）、外交官、著述家

真に偉大な人物の第一の試金石は、謙虚さである。

ジョン・ラスキン
イギリスの美術評論家、社会思想家

努力する人は希望を語り、怠ける人は不満を語る。

井上靖
作家／『氷壁』

寒さに震えた者ほど、
太陽を暖かく感じる。
人生の悩みをくぐった者ほど
生命の尊さを知る。

ウォルト・ホイットマン　アメリカの詩人

幸福だけの幸福は
パンばかりのようなものだ。
食えはするが
ごちそうにはならない。
むだなもの、無用なもの、
よけいなもの、多すぎるもの、
何の役にも立たないもの、
それがわしは好きだ。

ヴィクトル・ユーゴー
フランスの詩人、作家／
『レ・ミゼラブル』（岩波文庫）

男の一生は、
美しさをつくるためのものだ。
俺はそう信じている。

土方歳三　新選組副長

どうでもよいことは流行に従い、
重大なことは道徳に従い、
芸術のことは自分に従う。

小津安二郎　映画監督

誠は天性自然の道であり、
誠になろうと努めるのが、
人の道である。

子思《しし》
古代中国の儒学者／『中庸』

称賛されたときでなく、
叱られたときに
謙虚さを失わない人があれば、
その人間は
真に謙虚なのである。

ジャン・パウル
ドイツの作家

小津安二郎（おづ・やすじろう）　独特の映像世界で優れた作品を生み出し、世界的にも高い評価を得た映画監督。その世界観は「小津調」とも呼ばれ、国外の映画監督にも多大な影響を与えた。

自分に関心を持ってもらうために2年間費やさなくても、他人に関心を持てば、2週間でより多くの友人を作ることができる。

デール・カーネギー　アメリカの教育者、自己啓発作家

私は、敵を倒した者より、自分の欲望を克服した者のほうを、より勇者と見る。自らに勝つことこそ、もっとも難しい勝利だからだ。

アリストテレス
古代ギリシアの哲学者

本当に物事が分かっている人は、大声を出さないものである。

レオナルド・ダ・ヴィンチ
イタリア・ルネサンスの芸術家（万能人）

我々は消極的に悪い習慣を捨てようと努力するよりも、むしろ常に良い習慣を養うように心掛けねばならぬ。

カール・ヒルティ
スイスの哲学者、法学者

成功する人は前進し続ける。失敗もするが、途中で投げ出すことはない。

コンラッド・N・ヒルトン
ヒルトンホテル創業者／『「もうダメだ！」と思ったら読む本』（アントレックス）

思いわずらうのはやめろ。なるようになる。すべてがなるようになる。ただ人間は、それを愛しさえすればよいのだ。

ロマン・ロラン　フランスの作家

私は幸福を撒き散らす、花咲かばあさんになりたい。

宇野千代　作家

私の経験によれば、
欠点のないものは
取り柄もないものだ。

エイブラハム・リンカーン　アメリカの第16代大統領

竹にはフシがある。
そのフシがあるからこそ、
竹は雪にも負けない
強さを持つのだ。

本田宗一郎　ホンダの創業者／『俺の考え』（新潮社）

たしかに私の顔に
しわも増えました。
ただ、それは私が多くの愛を
知ったということなのです。
だから私は
今の顔のほうが好きです。

オードリー・ヘプバーン　イギリスの女優

中間管理職と真のリーダーシップの微妙な半歩の違いは、プレッシャーの下で優雅さを保てるかどうかだろう。

ジョン・F・ケネディ　アメリカの第35代大統領

負けたときにわかる人の真価

「負けました」といって
頭を下げるのが
正しい投了の仕方。
つらい瞬間です。
でも「負けました」と
はっきり言える人は
プロでも強くなる。
これをいいかげんにしている
人は上にいけません。

谷川浩司　プロ棋士

「光速の寄せ」と呼ばれる棋風が知られる、21歳で史上最年少名人となり、四冠王にも上り詰めた鬼才の言葉。勝負の世界は残酷で必ず明暗が分かれる。羽生世代と呼ばれる若手との死闘で散る姿も記憶に残る。だが素直に敗北を認める姿勢からこそ、再起の「一手」は生まれる。現実を受け入れねば次には進めない。

コンラッド・N・ヒルトン　ヒルトン・コンツェルンを創立し、名門ホテルを買収。第二次大戦後には、ヒルトン・ホテルズ・コーポレーションを設立。世界各地にホテル網を拡大した人物。

馬鹿に徹することが天才の証

自分が最低だと
思っていればいいんだ。
みんなより一番劣っている
と思っていればいいんだよ。
そうしたら、みんなの
言っていることが
ちゃんと頭に入ってくる。

赤塚不二夫

漫画家／『バカボンのパパより
バカなパパ』赤塚りえ子（徳間書店）

アニメ『おそ松さん』（『おそ松くん』原作）で人気が再浮上したギャグ漫画の天才。彼を天才たらしめた考えがこのフレーズだ。ふんぞりかえる人には誰も何も言わない。妙なプライドを捨てればいろいろな情報が入り、養分にできる。ただ、確かな自我なくしては馬鹿にはなれない。馬鹿にも才能がいるのだ。

タフじゃなくては
生きていけない。
やさしくなくては、
生きている資格はない。

レイモンド・チャンドラー

アメリカの作家／『プレイバック』

人気小説の名探偵フィリップ・マーロウのセリフ。「ギムレットには早すぎる」「さよならを言うのは、少しだけ死ぬことだ」などの名言で知られる。

あなたは、衣服も友人も、
むやみに新しいものを求め、
かえって面倒を背負い込んで
いないでしょうか。
古き良き物に繰り返し親しみ、
古き良き友人を
大切にしましょう。
物事はそうは変わりません。
変わりやすいのは自分です。

ヘンリー・デイヴィッド・ソロー

アメリカの作家、思想家、詩人、博物学者／
『ウォールデン 森の生活』（岩波文庫）

もし財布の中身を頭につぎこんだら、
誰も盗むことはできない。
知識への投資が
いつの世でも最高の利子を生む。

ベンジャミン・フランクリン　アメリカの政治家（建国の父）、外交官、著述家

私は理想を捨てません。
どんなことがあっても、
人は本当にすばらしい心を持っていると
今も信じているからです。

アンネ・フランク　ユダヤ系ドイツ人／『アンネの日記』

礼の最高の形態は「愛」である。

新渡戸稲造
教育者、思想家／『武士道』（PHP文庫）

失敗せざる魂、
苦悩せざる魂、
そしてより良きものを
求めざる魂に
真実の魅力は少ない。

坂口安吾
作家／『デカダン文学論』

美しい唇であるためには、
美しい言葉を使いなさい。
美しい瞳であるためには、
他人の美点を探しなさい。

オードリー・ヘプバーン
イギリス出身の俳優

人は短所で愛される。

中谷彰宏
作家、俳優、実業家

世界でいちばん美しい色は、
〝自分に似合う色〟よ。

ココ・シャネル
フランスのファッションデザイナー

夢見ることをやめたとき、
その人の青春は終わるのである。

倉田百三　日本の劇作家／『愛と認識との出発』（角川文庫）

坂口安吾（さかぐち・あんご）　観念的な作風のため、当初は一般には親しまなかったが、戦後『堕落論』『白痴』などを発表。無頼派と呼ばれ、文明批評や歴史小説、探偵小説などで活躍した。

一日の仕事を終えて、〝きょうは自分ながらよくやった〟と、自分で自分の仕事をたたえることができる人、それを持続することができる人こそが、世の中の成功者といえるのではないか。

松下幸之助　パナソニック創業者、発明家、著述家／『人生と仕事について知っておいてほしいこと』（PHP研究所）

撃っていいのは撃たれる覚悟のあるやつだけだ。

レイモンド・チャンドラー
アメリカの作家／『大いなる眠り』

私立探偵フィリップ・マーロウが主人公の長編シリーズ第1作『大いなる眠り』の言葉。近年、アニメ『コードギアス』でも、レジスタンス率いる主人公がこの言葉を引用し、話題となった。

書いた。愛した。生きた。

スタンダール
フランスの作家／墓碑銘

人は信念と共に若く、疑惑と共に老ゆる。人は自信と共に若く、恐怖と共に老ゆる。希望ある限り若く、失望と共に老い朽ちる。

サミュエル・ウルマン
アメリカの実業家／『青春の詩』

人間は意欲すること、そして創造することによってのみ幸福である。

アラン
フランスの作家、詩人、哲学者

女のおしゃれ心は恋心に比例する。おしゃれをしなくなった娘は危険です。

宇野千代　作家

勇者とは、怖れを知らない人間ではない。怖れを克服する人間のことなのだ。

ネルソン・マンデラ　南アフリカの大統領、弁護士

戦場カメラマンのいちばんの願いは、失業することなんだよ。

ロバート・キャパ　ハンガリー生まれの写真家

命をかけて戦争の悲惨さを伝える戦場カメラマン。自らの仕事に誇りを抱きながらも、必要がなくなったほうがよい仕事だという彼の姿勢に、魅力を感じる人は多いはずだ。

青春時代の姿勢を貫いた終生

若い頃の主義主張はなるべくあきらめよく捨てないほうがいい。それは青春の思い出を身売りするようなものだ。

手塚治虫　漫画家／『手塚治虫ランド 2』大和書房

漫画の神様の主義主張とは、何も政治的なものにとどまらない。それは美徳、信条、心のありようなど、人によって異なるだろう。だが、多感な時期に摑んだ真実は生涯の宝であり、「あの時は青かった」のひと言で切り捨てられるものではない。手塚は表現者としての喜びを青春の宝とし、多くのライバルが消えゆくなか「現役主義」にこだわり続けた。最晩年でも、新人のように持ち込み原稿を抱え出版社を回った。この時期、特に少年誌でヒットを出せないことが悩みで、それは最後まで続いた。自分の宝を終生大切にし、煩悶を抱えたまま人生を閉じた。その姿勢は分野を問わず、現在でも多くのクリエイターの憧憬を集める。

宇野千代（うの・ちよ）　作家や画家、政治家など、多くの著名人との恋愛・結婚遍歴を持った、波乱の人生を歩んだ小説家。編集者、着物デザイナー、実業家としても活躍した女性。

感謝の言葉をふりまきながら日々を過ごす。これが友を作り、人を動かす妙諦である。

デール・カーネギー　アメリカの教育者、自己啓発作家

常識の有無は
教育の有無とは関係ない。

ヴィクトル・ユーゴー
フランスの詩人、作家／『レ・ミゼラブル』（岩波文庫）

私が自分だけのために
働いているときには、
自分だけしか
私のために働かなかった。
しかし、私が人のために
働くようになってからは、
人も私のために
働いてくれたのだ。

ベンジャミン・フランクリン
アメリカの政治家（建国の父）、外交官、著述家

孤独を愛さない人間は、
自由を愛さない人間に
なってしまう。なぜなら、
孤独でいるときにのみ、
人間は自由になれるのだから。

アルトゥル・ショーペンハウアー
ドイツの哲学者

本当に自信のある人間は
泰然として、人が彼を
どのように評価するか、
などということには
あまり気をとられない
ものである。

ヴォーヴナルグ
フランスのモラリスト

肩書きは、
中才《ちゅうさい》を際立たせ、
大才《たいさい》の邪魔をし、
小才によって汚される。

バーナード・ショー
アイルランドの作家（ノーベル文学賞）、
政治家、教育家／『人と超人』

自分に与えられた肩書きは、中レベルの才能のある人であれば、その人をさらに輝かせるものとなる。一方で、大きな才能を持つ人にとっては、縛られる要因にもつながり邪魔と感じるだろう。ただし、才能のない者に与えると、肩書きのほうが汚されかねない。さて、あなたの肩書きは適切だろうか。

トイレをどのように扱うかで、
その所有者というか
管理者の心の一面が
読み取れる。

本田宗一郎
ホンダの創業者

自分ひとりが
賢いものになろうとするのは、
大馬鹿者である。

ラ・ロシュフコー
フランスのモラリスト、著述家

知識というものは、
これを学ぶ者が心に同化させ、
その人の品性に表れて
初めて真の知識となる。

新渡戸稲造
教育者、思想家／『武士道』（PHP文庫）

この世に、
笑いと上機嫌ほど
伝染しやすいものはない。

チャールズ・ディケンズ
イギリスの作家／『クリスマス・キャロル』

人間は
笑うという才能によって、
他のすべての生物より
すぐれている。

ジョセフ・アディソン
イギリスの作家、詩人、政治家

人間は、時として、満たされるか満たされないか、
わからない欲望のために、一生をささげてしまう。
その愚をわらう者は、畢竟《ひっきょう》、
人生に対する路傍の人にすぎない。

芥川龍之介　作家／『芋粥』（『羅生門・鼻・芋粥・偸盗《ちゅうとう》』岩波文庫）

お金より大事なものとは？

お金儲けのうまい人は、
無一文になったときでも、
自分という財産を
まだ持っている。

アラン
フランスの作家、詩人、哲学者

第一次大戦前後に書かれた『幸福論』で知られるアランのモットーは、「哲学を文学に、文学を哲学に」である。投資に失敗して破産したり、会社がつぶれて失業したり、人生には無一文となる瞬間がいつ訪れても不思議でない。だがそれでも自分は残っている、今生きている、と考えれば、楽天的な気持ちを持つことはできる。

ジョセフ・アディソン　17～18世紀のイギリスの詩人、劇作家、政治家。評論・随筆新聞を創刊し、中産階級を相手に道徳や宗教、芸術ネタをわかりやすく伝え、市民文学の基礎を確立した。

発明王の“イズム”を受け継いだ世界の自動車王

年寄りは
若いうちから
貯金しろと言うが、
それは間違いです。
自分に投資しなさい。
私など
40歳になるまで
1ドルも
貯めたことなど
ないのですから。

ヘンリー・フォード
アメリカの実業家、
フォード・モーター創設者

本当の財産は自分の中にある。車の大衆化を実現させた〝世界の自動車王〟ヘンリー・フォードは生涯自分自身を磨き続けた人だ。

産業革命の波が全世界に及んだ19世紀半ばに生まれたフォードは、機械いじりが大好きな少年だった。大人になってからは、当時蒸気機関に代わる内燃機関として注目されていたガソリンエンジンに夢を抱いた。

エンジン開発のカギは電気系統とにらんだ彼は、発明王エジソンの電気会社でエンジニアとなった。運命的な出会いだ。フォードはエジソンの猛烈な働きぶりに感化され、やがてふたりはよき師弟関係を結ぶ。

フォードはエジソンに励まされて研究に没頭し、商品化にはほど遠いものの二気筒エンジン搭載のフォード1号車を完成させた。その後、彼は会社を辞することになるが、エジソンとの交友は生涯続いた。

フォード自動車会社を設立した彼は、念願の大衆向け自動車「T型フォード」を開発。丈夫で低価格のT型は爆発的人気を博す。モータリゼーションの時代とフォード社の栄光はここから始まったのである。

フォードを支えた〝エジソンイズム〟の真髄は、勤勉と向学精神にある。発明王は専門分野だけでなく、天文、美術、生物などあらゆることに時間と労力を惜しまず挑戦し、研究に生かした。後年、フォードも畑違いのバイオ技術の研究・応用を図るなど、広い視野で自動車研究に取り組んだ。生涯「自分への投資」を怠らなかったのだ。

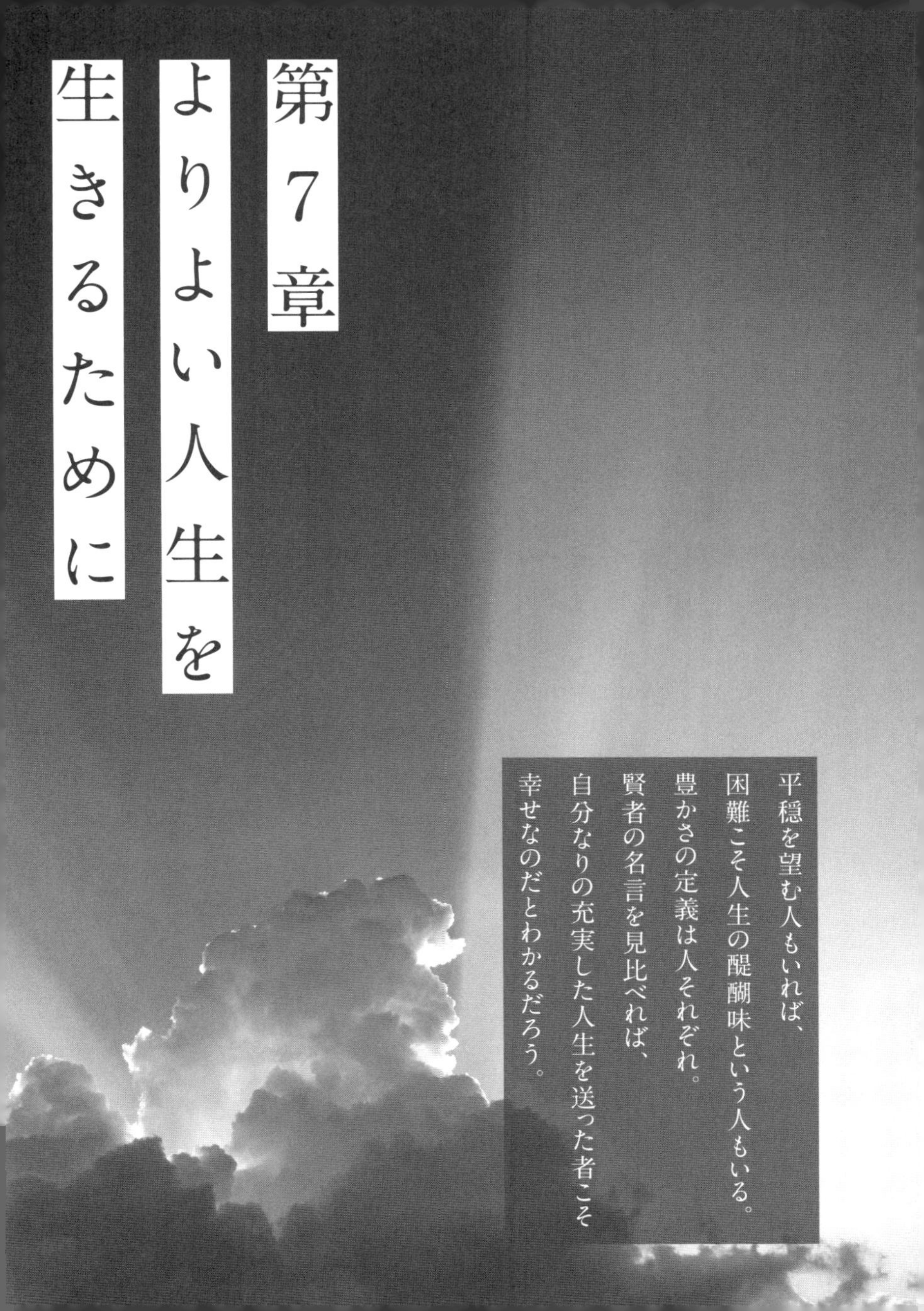

第7章 よりよい人生を生きるために

平穏を望む人もいれば、
困難こそ人生の醍醐味という人もいる。
豊かさの定義は人それぞれ。
賢者の名言を見比べれば、
自分なりの充実した人生を送った者こそ
幸せなのだとわかるだろう。

今日という日は、残りの人生の最初の一日。

アラン・ボール　アメリカの映画監督／『アメリカン・ビューティー』

人生において、
いちばん大切なことは
自己を発見することである。
そのためには、時々は孤独と
静かに考える時間が必要だ。

フリチョフ・ナンセン
ノルウェーの海洋・動物学者、探検家、政治家（ノーベル平和賞）

人生最高の価値は
知識にあらず、黄金にあらず、
名誉にあらず、
ただ一個の善人たるにあり。

綱島《つなしま》梁川《りょうせん》
明治の宗教思想家、評論家

坂があったとしたとき、
上から見れば
下り坂ですが、
下から見れば
上り坂になります。
どちらの見方も
間違いではありません。
立場により
評価はさまざまですが、
それぞれが
本質そのものではありません。

奈良修一
曹洞宗の僧、歴史学者

あなたが生まれたとき、
周りの人は笑って
あなたは泣いていたでしょう。
だから、
あなたが死ぬときは、
あなたが笑って
周りが泣くような
人生を送りなさい。

ネイティブ・アメリカンの伝承

いくつになっても
わからないものが人生
というものである。
……わからない人生を、
わかったようなつもりで
歩むほど
危険なことはない。

松下幸之助
パナソニック創業者、発明家、著述家／『道をひらく』（PHP研究所）

人生は不安定な航海だ。

ウィリアム・シェイクスピア　イギリスの劇作家／『アテネのタイモン』

人生に執着する
理由がなければないほど、
人生にしがみつく。

デジデリウス・エラスムス
司祭、神学者、哲学者／『痴愚神礼讃』

私は生きようとする
生命に取り囲まれた、
生きようとする生命である。

アルベルト・シュヴァイツァー
ドイツの神学者、哲学者、医者、音楽家

家康が歩んだ重く遠い人生

**人の一生は
重荷を負て
遠き道を
ゆくがごとし、
いそぐべからず。**

徳川家康
戦国武将、江戸幕府の初代将軍

江戸幕府繁栄の基礎を築いた家康の作として、あまりに有名な言葉だ。人生は長くつらいが、辛抱強く努力して進め。幼少時の今川人質時代、信長の命で妻子を殺した織田との同盟時代、秀吉への屈服を余儀なくされた豊臣家臣時代と、関ヶ原の戦いで勝利するまでの人生は〝忍従〟の日々であり、まさに家康の人生哲学を示す言葉に映る。

しかし、これは『徳川実紀』などの関連史料にはない。桑田忠親《ただちか》はじめ、歴史学者は後世の偽作とし、近年では原典は孫の水戸光圀《みつくに》作『人のいましめ』で、これが家康作として明治以降広まったという説がある。あまりに家康のイメージに合った言葉なので定着したのだろう。

フリチョフ・ナンセン　動物学を学び、グリーンランド氷原のスキーによる横断、北極点遠征などに挑戦。のちに政治家に転身して飢餓難民救済活動に尽力し、ノーベル平和賞を受賞した。

「自分の時間が持てない」――
仕事ができない人の常套句だ。
では、なぜ彼らは
「自分の時間が持てない」のか。
「一日二十四時間」という時間が、
誰もがみな平等だと
思っているからだ。
とんでもない誤解である。
時間ほど不平等なものは
ないのだ。

堀場雅夫
堀場製作所創業者／『今すぐやる人が成功する！』（三笠書房）

仕事が楽しみなら、
人生は極楽だ！
仕事が義務なら、
人生は地獄だ！

マクシム・ゴーリキー
ロシアの作家／『どん底』（岩波文庫）

明日死ぬとしたら、生き方が変るのか？あなたの今の生き方は、どれくらい生きるつもりの生き方なのか。

チェ・ゲバラ　アルゼンチンの革命家

もし苦しみがなかったら、
人間は自分の限界を
知らなかっただろうし、
自分というものを
知らなかっただろう。

レフ・トルストイ
ロシアの作家、思想家

人生は
何事をも為さぬには
余りに長いが、
何事かを為すには
余りに短い。

中島 敦
作家／『山月記』

人生とは、何を得たかではなく、どんな人間になるか、そして何に貢献するかだ。

アンソニー・ロビンズ　アメリカのコンサルタント、自己啓発コーチ

地球は皮膚を持っている。
そしてその皮膚は
さまざまな病気を持っている。
その病気の一つが人間である。

フリードリヒ・ニーチェ　ドイツの哲学者

一年中、
ただ遊ぶだけの休暇だったら、
遊ぶことは働くことと
同様に退屈だろう。

ウィリアム・シェイクスピア　イギリスの劇作家

人生は闘うがゆえに美しい。

ピエール・ド・クーベルタン　フランスの教育者、近代オリンピック創設者

成熟するためには、
遠回りをしなければならない

開高 健　作家

人間は自ら作り出した道具の
道具になってしまった！

ヘンリー・デイヴィッド・ソロー　アメリカの作家、思想家、詩人、博物学者

人生には苦難がつきもの

船というのは、荷物を
たくさん積んでいないと、
不安定でうまく進めない。
同じように人生も、
心配や苦痛、苦労を
背負っているほうが
うまく進めるものである。

アルトゥル・ショーペンハウアー　ドイツの哲学者

あらゆる分野に通じた総合哲学者で、実存主義のパイオニア的存在とされるショーペンハウアー。人生は一切苦というブッダの精神と共通の思想を持つことが特徴だ。ゆえに心配や苦痛の荷を載せていない航海など最初からありはしない。要は考え方で、むしろ一切苦を受け止め、深い諦観を持つことで船は安定する。

ピエール・ド・クーベルタン　イギリスで教育におけるスポーツの重要性を学び、その理念を母国に移入。ドイツの古代オリンピア遺跡発掘に触発され、近代オリンピックを復活させた。

人生には二通りの生き方しかない。
ひとつは、
奇跡など何も起こらないと思って生きること。
もうひとつは、
あらゆるものが奇跡だと思って生きること。

アルバート・アインシュタイン　ドイツ生まれの理論物理学者

あるものを
正しく判断するためには、
それを愛したあと、
いくらか離れることが必要だ。
それは国についても、
人間についても、
そして自己自身についても
本当である。

アンドレ・ジッド
フランスの作家（ノーベル文学賞）

人間は生まれながらにして
自由である。
しかし、いたるところで
鎖につながれている。
自分こそが主人だと
思っている人も、
実は奴隷であることに
変わりはない。

ジャン・ジャック・ルソー
フランスの哲学者

人間は思想を隠すためでなく、
思想を持ってないことを
隠すために語ることを覚えた。

キルケゴール
デンマークの哲学者、宗教思想家／『あれかこれか』

一流っていうのは、
ある形が、ある到達点が
あるわけではない。

田崎真也
ソムリエ、元国際ソムリエ協会会長

時間こそが
人生そのものなのです。
そしてそれは心の中にあります。
時間を節約しようとするほど
生活は
やせ細ってしまうのです。

ミヒャエル・エンデ
ドイツの児童文学作家

目が涙を宿すことがなければ、
魂に虹はかからない。

ジョン・ヴァンス・チニー　アメリカの作家、詩人、図書館員

理想を持ちながら現実を見る

理想を失わない現実主義者にならないといけないんです。理想のない現実主義者ならいくらでもいるんですよ。

宮崎 駿　アニメ監督

今なお注目を集めるアニメ界のポーラスター。彼の映画製作の基本姿勢は、子供たちに見せたいもの、見せたい世界、その理想を形にすることである。無論、商品である以上、予算や人手など現実的問題はある。そこといかに折り合いをつけ、いかに工夫するか。彼はこの問題にも極めて敏感なクリエイターだが、あくまで立脚点は理想にある。

初監督作『未来少年コナン』から『風立ちぬ』までの名作は、この苦闘の中で生まれた。一方、世の中には現実主義の美名をかさに、何もビジョンがなかったり、現実に妥協してやりたいことを見失ったりする事例が多々ある。やはりそれでは本末転倒なのである。

病ある人、養生の道をば、かたく慎みて、病をば、うれひ苦しむべからず。憂ひ苦しめば、気ふさがりて、病《やまい》くははる。

貝原益軒《えきけん》
江戸時代の本草学者、儒学者／
『養生訓』（『養生訓・和俗童子訓』岩波文庫）

ひとりで見る夢は夢でしかない。みんなで見る夢は現実となる。

オノ・ヨーコ　芸術家

髪にそよぐ風のように生き、燃えつくした炎のように死ぬ。

ルイ・アラゴン
フランスの作家

幸福とは幸福を探すことである。

ジュール・ルナール
フランスの作家

あったかいふとんで
ぐっすりねる！
こんな楽しいことが
ほかにあるか。

のび太のセリフ
漫画『ドラえもん』藤子・F・不二雄

人生はすごろく遊びの
ごときものにして、熱望せし
さいころの目が出ずとも、
偶然の出せしものを
技術によりて修正せば可なり。

テレンティウス
共和政ローマの劇作家／「断片」

熱意を失ってしまった人ほど
年老いた人はいない。

ヘンリー・デイヴィッド・ソロー
アメリカの作家、思想家、詩人、博物学者

人間は自分の一生は
自分自身が導いていくのだと
考えている。
しかし、心の奥底には、
運命の導くままに、
これに抗いえないものを
持っている。

ゲーテ
ドイツの詩人、劇作家、自然科学者

「青春が楽しい」というのは
迷想である。
青春を失った人たちの
迷想である。

サマセット・モーム
イギリスの作家

ニーチェが
「汝の敵を誇りとすべし、
しからば敵の成功はまた
汝の成功なり」と述べたのは、
まさしくサムライの心情を
語ったといえる。
実に勇気と名誉は、
ともに価値ある人物のみを
平時の友とし、戦場の敵
とすべきことを求めている。

新渡戸稲造
教育者、思想家／『武士道』（PHP文庫）

好敵手がいてこそ、自らも成長できる。ライバルを敬う気持ちを忘れず、敬意を持って接するのが、自らの価値を高めることにつながるだろう。

神すら過去を
改めることはできない。

アリストテレス
古代ギリシアの哲学者

貝原益軒（かいばら・えきけん）　福岡藩医を父に持ち、医学・漢学を学び、のちに藩医となる。京阪、江戸に遊学して陽明学、朱子学を身につけ、教育・歴史・経済の面で功績を残した。

人生は愚者には困難に見えるとき賢者には容易に見え、愚者に容易に見えるとき賢者には困難に見える。

ゲーテ　ドイツの詩人、劇作家、自然科学者／『格言と反省』

悲しみ、苦しみは人生の花だ。

坂口安吾　作家／『悪妻論』

巧詐《こうさ》は、拙誠《せっせい》に如かず。

韓非子　古代中国の思想家／『韓非子』

言葉巧みに人を欺き生きる者は、不器用でも誠実に生きる者には敵わない、という意味。古代中国で、ある将軍が人質になっていた自らの子の命を顧みず、戦に勝利した。またある国の重臣は、狩りの際に母鹿を哀れんで小鹿を生かした。功があるのは前者だが、人の信用を集めたのは後者だった。

たえず続く夢というものはありません。どんな夢でも新しい夢に代わられます。どんな夢でも固執しようとしてはなりません。

ヘルマン・ヘッセ　スイスの詩人、作家／『デミアン』

幸福は求めない方がいい。求めない眼に、求めない心に、求めない体に、求めない日々に、人間の幸福はあるようだ。

井上靖　作家／『欅《けやき》の木』

人間の中には、何かしら悪魔的なものもあると同様、神に似た何者かが存在する。

ジャワハルラール・ネルー　インドの初代首相、独立運動の指導者、著述家／『インドの発見』

いちばん大切なことは、単に生きることではなく、善く生きることである。

ソクラテス　古代ギリシアの哲学者

われ未だ生を知らず、いずくんぞ死を知らんや。

孔子　古代中国の思想家、儒家の始祖／『論語』

人は人、自分は自分

他人と比較してものを考える習慣は、致命的な習慣である。

バートランド・ラッセル
イギリスの哲学者／『幸福論』

ノーベル文学賞受賞者。哲学者にして、数学者・論理学者で、彼が発展させた論理学は計算機科学から、コンピュータ創世へとつながった。この言葉には続きがあり「楽しいことが起これば大いに楽しむべきだ。立ち止まって他人を意識し、〝もしかしたら他人の方が幸せかも〟などと考えるべきでない」とある。人は人、自分は自分だ。

アメリカの国民諸君！
国家が諸君のために
何をなしうるかを
問うのではなく、
諸君が国家のために
何をなしうるかを考えよ。
世界の同胞諸君！
アメリカが諸君のために
何をなしうるかを
問うのではなく、
我々がともに
人類の自由のために
何をなしうるかを考えよ。

ジョン・F・ケネディ
アメリカの第35代大統領

他人を裁くより、
自分を裁くほうがずっとむずかしい。

サン＝テグジュペリ　フランスの作家、飛行士／『星の王子さま』

僕が使っている言葉も数学も
僕が発明したわけではない。
同じ人類の先人達が
作ってくれたものなんだ。
僕は全力で心の奥底に
あるものを表現しようとした。

スティーブ・ジョブズ
アップル社の共同設立者、実業家、作家、教育者

今から一年もたてば
私の現在の悩みなど、
およそ下らないものに
見えることだろう。

サミュエル・ジョンソン
イギリスの作家

サミュエル・ジョンソン　18世紀イギリスの文学者、詩人、評論家で、「文壇の大御所」とも称される人物。特に『英語辞典』の編集やシェイクスピアの研究で知られている。

心というものは、
それ自身一つの独自の世界なのだ、
――地獄を天国に変え、
天国を地獄に変えうるものなのだ。

ジョン・ミルトン　イギリスの詩人／『失楽園』（岩波文庫）

自由は責任を意味する。

バーナード・ショー
アイルランドの作家（ノーベル文学賞）、政治家／『革命主義者のための格言』

私たちはときとして
情念に動かされ、
これを熱心さと思い違える。

トマス・ア・ケンピス
中世の神秘思想家／『キリストにならいて』（岩波文庫）

貧しい生活の中でしか学べない
生活の知恵がある。
苦あれば楽あり。
これも正負の法則。

美輪明宏
歌手、俳優、演出家

人々はお金では貴いものは
買えないと言う。
そういう決まり文句こそ、
貧乏を経験したことがない
何よりの証拠だ。

ジョージ・ギッシング
イギリスの作家／『ヘンリ・ライクロフトの私記』

楽を求めたら、苦しみしか待っていない。

野村克也　元プロ野球監督

先人達が残してくれた
あらゆるものに
感謝しようとしてきた。
そしてその流れに
何かを追加しようとしてきた。
そう思って私は歩いてきた。

スティーブ・ジョブズ
アップル社の共同設立者、実業家、作家、教育者

自分の長所と
自分の人生で
恵まれている部分に、
いつも意識を向けよう。
そうすれば、
長所はさらに磨きがかかり、
恵まれている部分は
よりいっそう大きくなる。

ジェリー・ミンチントン
アメリカの自己啓発作家／
『うまくいっている人の考え方』（ディスカヴァー21）

忘れるすべを知っていれば、
むしろ幸せというべきである。

バルタサール・グラシアン
スペインの哲学者

万《よろず》の事は頼むべからず。
愚かなる人は、
深く物を頼む故《ゆゑ》に、
恨み、怒る事あり。
勢ひありとて頼むべからず。
こはき者先づ滅ぶ。

吉田兼好
中世の歌人、随筆家、遁世者／『徒然草』

あらゆることは人を頼るべきではない。愚かな人は、すぐに他人や物を頼みにしすぎるから、恨んだり、怒ったりするはめになるのだ。勢いのある人物がいても頼ってはならない。この世は強い者から滅ぶからだ。原文では、お金、才能、徳がある者にも頼ってはならないと例が続き、自分も人も頼らず、素直な気持ちで生きよと勧めている。

自らを奮い立たせよう

天が私を生んでくれたのは、
必ず世の中の何らかの
役に立つためである。

李白
中国・唐代の詩人

杜甫《とほ》と並ぶ唐代の詩仙。詩文集『李太白集』が知られる。「馬耳東風」は李白の詩が由来で、ほか「白髪三千丈」（秋浦歌）のようにその詩風は変幻自在。エピソードが多い人で、酔って水中の月を捕らえようとして溺死したという最期も有名だ。自由奔放な生き方が伝えられる一方、己の天命、使命感を示すこの言葉も印象的である。

トマス・ア・ケンピス　14～15世紀のドイツ出身の神秘思想家。著書『キリストにならいて』は、世界の各国語に翻訳され、『聖書』に次いで世界でもっとも読まれた本といわれている。

よりよい成果が得られるのは、自分がいちばん好きな仕事をしているときだろうね。だから、人生の目標は、自分が好きなことを選ぶべきなんだ。

アンドリュー・カーネギー
アメリカの鉄鋼王、カーネギー鉄鋼会社創業者

家がまずしくても、体が不自由でも、決して失望してはいけない。人の一生の幸も災いも、自分から作るもの。周りの人間も、周りの状況も、自分から作り出した影と知るべきである。

野口英世
細菌学者

学んで忘れても得るものはある

学問なんて、覚えると同時に忘れてしまってもいいものなんだ。けれども、全部忘れてしまっても、その勉強の訓練の底に一つかみの砂金が残っているものだ。これだ。これが貴いのだ。勉強しなければいかん。

太宰 治　作家／『正義と微笑』

死後70年、今なおファンを増やし続ける太宰治の長編『正義と微笑』で、主人公の恩師が別れの際に残した言葉。さらに恩師は、「勉強は覚えることが大事なのではない、大事なのはカルチベート（精神技能を磨く、畑を耕すこと）されることだ」と説き、「真にカルチベートされた人間になれ！」と締める。

プリンシプルを持って生きれば、人生に迷うことはない。

白洲次郎
官僚、実業家

白洲自身は、このプリンシプルを「筋」「武士の一分」と表現している。プリンシプルの意味は、原理、原則、主義。自分自身の心に正直に従って生きれば、迷いや悔いはないということだろう。

今の人はみんな、
「何かしなければ」と
思い過ぎるんですね。
何かをしていることが
当たり前で、
何もしていない人は
サボっていると思われるのが
現代ですけれども、
時々は何もしないで
ボッーとしているという
時間を持ったほうがいい。

河合隼雄　心理学者

夢は目指したときから目標に代わる。

羽生善治　プロ棋士

富の限界は、
それに満足することである。
しかし、人間は
どこまで行っても
満足することを知らず、
ついには身を滅ぼしてしまう。

韓非子　古代中国の思想家／『「韓非子」を見よ！』守屋洋（三笠書房）

人間の幸福というものは、
時たま起こる
すばらしい幸運よりも、
日々起《おこ》って来る
些細な便宜から
生まれるものである。

ベンジャミン・フランクリン　アメリカの政治家（建国の父）、外交官、著述家／『フランクリン自伝』（岩波文庫）

幸福だから笑うのではない、笑うから幸福なのだ。

アラン　フランスの作家、詩人、哲学者／『幸福論』

韓非子（かんぴし）　中国・戦国時代末期の韓の思想家で、荀子に学んで法家思想を大成させた。法による統一国家を目指した秦の始皇帝に仕えるが、秦の重臣・李斯（りし）によって毒殺された。

歴史に未来のヒントがある

**歴史の中に
未来の秘密がある。
我々は、
我々の歴史の中に、
我々の未来の秘密が
横たわっているという
ことを本能的に知る。
変化こそ
唯一の永遠である。**

岡倉天心　思想家／『茶の本』

岡倉は、アメリカ人教師フェノロサとともに日本美術研究に携わり、日本の美術・文化を欧米に積極的に紹介するなど、国際的に活動。これは世界的に出版された『茶の本』の一節だ。過去の歴史に未来を占うヒントがある、変化し続けて今を生きよ、そこに永遠がある。不安な未来を生きる知恵が凝縮された言葉だ。

今日は満点です。でも、これが最高じゃない。

松坂大輔　元プロ野球選手

**なぜこんなに天地は
美しいのだろう。
そうだ、ここではなにもかも
……生きているからだ！**

我王のセリフ
漫画『火の鳥４　鳳凰編』手塚治虫（角川書店）

**幸福とは、
報酬を求めなかった
人々のところへくる
報酬なのだ。**

アラン
フランスの作家、詩人、哲学者／『幸福論』

**むずかしいことをやさしく、
やさしいことをふかく、
ふかいことをおもしろく、
おもしろいことをまじめに、
まじめなことをゆかいに、
そして
ゆかいなことは
あくまでゆかいに**

井上ひさし
小説家、劇作家、放送作家／
劇団「こまつ座」公演雑誌
『the座』1989年版

**人生は一箱の
マッチに似ている。
重大に扱うのは
莫迦《ばか》莫迦しい。
重大に扱わなければ
危険である。**

芥川龍之介
作家／『侏儒《しゅじゅ》の言葉』

人の本当の値打ち
というものは、
宝石でもなければ黄金でもない。
地位でもなければ名誉でもない。
ただ信念の2文字である。

ソロモン
古代イスラエル（ヘブライ）の王

人生そのものが
試行錯誤の過程である。
何の過ちもおかさない人は、
何もしない人たちである。
過ちが足しになるのは、
我々が
失敗から学んだときである。

アルフレッド・スローン
アメリカの実業家

人生から返ってくるのは、いつかあなたが投げた球。

雨が降れば、雨と共に歩く。
風が吹けば、風と共に歩く。
病気になれば、病気と共に歩く。

辰濃《たつの》和男
ジャーナリスト、エッセイスト

幸福には翼がある。
つないでおくことは難しい。

フリードリヒ・フォン・シラー
ドイツの詩人、歴史学者、劇作家、思想家／『メッシーナの花嫁』

悲しい話は夜するな。
つらい話も昼にすれば
何ということもない。

島田洋七
漫才師／『がばいばあちゃんの勇気がわく50の言葉』（徳間書店）

ああ！ 青春！
人生は一生に一時しか
それを所有しない。
残りの年月は
ただそれを思い出すだけだ。

アンドレ・ジッド
フランスの作家（ノーベル文学賞）

青春の思い出は、それが恥ずかしい歴史であっても、歳をとって振り返るとすべて懐かしい。一方で、戻ってこない若き日に、空しさを感じる人もいるだろう。それは充実した今を送れているかの、バロメータなのかもしれない。

過ちも失敗も多かった。
だが、後悔する余地はない。

ヘルマン・ヘッセ
スイスの詩人、作家

斎藤茂太　精神科医

ソロモン　前10世紀のイスラエル統一王国の第3代王。ダビデ王の末子だったが、預言者・祭司に擁立され即位。エルサレムを首都に定め、軍制改革、交易の拡大によって国を強化させた。

アダムは
リンゴが欲しかったから
食べたのではなかった。
禁じられていたからこそ
食べたのだ。

マーク・トウェイン
アメリカの作家

たとえ明日
世界が終わるとしても、
私は今日、
リンゴの木を植えるだろう。

マルティン・ルター
ドイツの神学者、宗教改革者

キリスト教世界にとって、リンゴは「禁断の果実」の象徴である。ルターは、旧来の信仰に疑問を抱き、宗教改革を行った人物。教会を批判することは当時タブーであり、まさに禁断の果実だったのだ。たとえ明日、自分が死んでも、次の世代のためにタブーの木を植える。ルターの信念が垣間見える。

酒が人間を駄目にするのではない。
人間はもともと駄目だということを
教えてくれるものだ。

立川談志　落語家

運命の中に偶然はない。
人間は
ある運命に出会う以前に、
自分がそれを
つくっているのだ。

トーマス・ウッドロウ・ウィルソン
アメリカの第28代大統領

この世界は
食べ物に対する飢餓よりも、
愛や感謝に対する
飢餓のほうが大きいのです。

マザー・テレサ
カトリック教会の聖人、修道女（ノーベル平和賞）

礼儀作法は、
法と称されるもののうちで
一番つまらないものだが、
最もよく実施されている。

ラ・ロシュフコー
フランスのモラリスト、著述家／『箴言集』

一から一をひけば零である。
人生から愛をひけば何が残る。
土地から水分をとれば
沙漠になるようなものだ。

武者小路実篤
作家、詩人

歴史は永遠に繰り返される。

トゥキディデス
古代ギリシアの歴史家

人間は万物の尺度である。

プロタゴラス
古代ギリシアの哲学者、弁論家、教育家／「断片」

運命は、我らを幸福にも不幸にもしない。ただその材料と種子とを我らに提供するだけである。

ミシェル・ド・モンテーニュ
フランスの哲学者、思想家

「運が悪かった」という表現はよく使うが、運命に善し悪しはない。運命によって何かが起こっても、その結果がどうなるかは、自分が招いたことなのだ。

道を選ぶということは、かならずしも歩きやすい安全な道をえらぶってことじゃないんだぞ。

ドラえもんのセリフ　漫画『ドラえもん』藤子・F・不二雄（小学館）

井戸の外の広い世界を見よ

井の中の蛙、大海を知らず。

荘子
古代中国の思想家

荘子は古代中国・春秋戦国時代の道家を代表する思想家だ。この言葉は『荘子』外篇にある。井戸の中の蛙が東海に住む亀に住居を自慢したところ、亀はこう答えた。海では千里は遠いうちでなく、千尋《ちひろ》の高さも海底の深さに及ばず、時の長短や量の多少も一切計れないものだ、と。自分の理解を超える存在を知ったカエルは返す言葉もなかった。

見聞の狭さのたとえとしてよく使われる。唐代の韓愈《かんゆ》の書にも「井に坐して天を観る」（井戸の中からは広い天の狭い範囲しか見えない）という同義の言葉がある。日本では続きとして、「されど天の青さ（高さ）を知る」という文句が知られているが、いつ誰の作かわかっていない。

トゥキディデス　前5世紀の古代ギリシアの歴史家で、ペロポネソス戦争では一時アテネの将軍となるが失敗し、追放された。帰国後にこの戦争に至るまでのギリシア史『歴史』を記した。

この道より、われを生かす道なし。この道を歩く。

武者小路実篤　作家、詩人
おもしろき
こともなき世を　おもしろく
すみなしものは　心なりけり

高杉晋作　長州藩士

面白いことがない世の中を、自分は面白く過ごしてきた。面白いかどうかは、この世に住む者の気持ちしだいなのだ。幕末の志士、高杉晋作の辞世の句。仕事でも人生でも、心がけしだいであなたも楽しく生きられるはずだ。
未来のために
今を耐えるのではなく、
未来のために
今を楽しく生きるのだ。

チェ・ゲバラ　アルゼンチンの革命家
なにがしあわせか
わからないです。
ほんとうに
どんなつらいことでも、
それがただしいみちを
進む中でのできごとなら、
峠の上りも下りもみんな
ほんとうの幸福に近づく
一あしずつですから。

宮澤賢治　童話作家、詩人／『銀河鉄道の夜』
自分で放ったすべての矢が
自分にもどってくる。
自分こそ自分の敵なのだ。

アラン　フランスの作家、詩人、哲学者／『幸福論』

真の閑暇とは、
我々が好きなことをする
自由であり、
何もしないことではない。

バーナード・ショー　アイルランドの作家（ノーベル文学賞）、政治家
幸せを手に入れるんじゃない。
幸せを感じる心を手に入れるんじゃ。

甲本ヒロト　ミュージシャン

世間は自分に
不都合の生じないかぎり
おおかたは
善良なものを愛する。

中 勘助
作家、詩人／
『菩提樹の蔭』（『菩提樹の蔭 他』岩波文庫）

憎しみ、壊すことは
たやすいこと。
築いていくこと、
大切にすることが
はるかに困難なのです。

エリザベス2世
イギリスの女王

人のたのしむを以て、
自分もたのしむ。
酒の真味は、これ以外にない。

吉川英治
作家／『現代青年道』

〝遊ぶ〟ことは
何の役にも立たないか
というと、そうではない。
〝遊ぶ〟ことによって
興味が広がったり、
記憶する力が
刺激されたりする。

橋本 武
国語教師、国文学者

絶望とは
死に至る病である。
自己の内なるこの病は、
永遠に死ぬことであり、
死ぬべくして
死ねないことである。
それは死を死ぬことである。

キルケゴール
デンマークの哲学者、宗教思想家／『死に至る病』

誰もが持つ生きる価値

この世には、何かの
役に立っていないもの
なんか一つもないさ、
この小石だって
役に立ってる。
空の星だってそう。
君もそうなんだ。
だから笑ってごらん。

フェデリコ・フェリーニ
イタリアの映画監督／『道』

映画『道』はフェリーニの代表作。頭の弱い娘ジェルソミーナは粗野な大道芸人ザンバノに奴隷として買われ、暴力を受けながらともに旅を続ける。どん底の日々が続く中、ジェルソミーナは「私は生きる価値のない人間だ」と泣く。そんな孤独な彼女を憐れみ、サーカスの綱渡り芸人は優しくこの言葉を与えるのだ。

中勘助（なか・かんすけ） 夏目漱石に師事し、江戸の商人町の士族屋敷に育った経験を描いた長編自伝小説『銀の匙』を発表。文壇に認められるが、隠者生活を送り、生涯孤高を保った。

為になる人と交流を持て

叱ってくれる人がいなくなったら、探してでも見つけなさい。

永六輔
作詞家、放送作家

タレント、放送作家として戦後のテレビ・ラジオ文化を牽引した永六輔。多彩な活動を支えたのが淀川長治、小沢昭一らとの交友だ。「彼らの背中を見て歩いた。前に出なければ間違うことはないと思って生きてきた」ともいう。目標となり、ときに忠告してくれる人、親身になってくれる人の存在は、人生で欠かせないものだった。

自分が正しいと思う方向に向かって正々堂々と歩く、死ぬまで歩ける。その人生さえ構築できれば、自分自身の中で精神的に敗北することはない。

三國連太郎　俳優／『NHK人×物×録』

人生とはできることに集中することであり、できないことを悔やむことではない。

スティーヴン・ホーキング
イギリスの理論物理学者

月日は百代《はくたい》の過客《かかく》にして、行きかふ年もまた旅人なり。

松尾芭蕉
江戸時代の俳人／『奥の細道』

それ天地は万物の逆旅《げきりょ》にして光陰は百代の過客なり、而《しこう》して浮生《ふせい》は夢のごとし歓《かん》を為すことといくばくぞ

李白
中国・唐代の詩人／「春夜桃李園に宴するの序」

天地は万物を迎え入れる旅の宿、時間の流れは永遠の旅人のようなものだ。人生は短くはかない夢のようなもので、楽しいことも長くは続かない。「月日は百代の過客にして……」という『奥の細道』の序文は、この詩からの引用。

発見の旅とは、
新しい景色を探すことではない。
新しい目で見ることなのだ。

マルセル・プルースト　フランスの作家

目標があってこその長生き

「老いは怖くない。目標を失うのが、怖い！」何のために長生きしたいのか。健康の先に何を見たいのか。その目標がはっきりしないと、ただの怠け者になってしまう。

三浦雄一郎　スキーヤー、冒険家

50代で世界七大陸最高峰全峰からの滑降という偉業を成し遂げた、日本のプロスキーヤーの先駆者。しかし、その後、目標を失い、不摂生な生活を送り、体調を悪化させてしまった。その経験をバネに持ち直し、2013年に80歳でエベレスト登頂（通算3度目）を果たし、史上最高齢の登頂を記録したのである。

自愛。人間これを忘れてはいかん。結局、たよるものは、この気持ちひとつだ。

太宰 治　作家／『新樹の言葉』

汝の運命の星は汝の胸中にあり。

フリードリヒ・フォン・シラー
ドイツの詩人、歴史学者、劇作家、思想家

青年はけっして安全な株を買ってはならない。

ジャン・コクトー
フランスの詩人、作家、画家、映画監督

夜、眠りに入る前に、「やるべきことをまだ実行していない」と思い出したら、すぐに起き上がり実行しなさい。

フョードル・ドストエフスキー
ロシアの作家、思想家

日本人は三十の声を聞くと青春の時期が過ぎてしまったように云うけれど、熱情さえあれば人間は一生涯青春で居られる。

永井荷風
作家／『歓楽』

きみはごちゃ混ぜにしてる…大事なこともそうでないことも、いっしょくたにしてる！

サン＝テグジュペリ
フランスの作家、飛行士／『星の王子さま』

青年時代は
日々に短く、年は長い。
老年時代は
日々が長く、年は短い。

ニキータ・パーニン
ロシアの政治家、伯爵

人は食べるために
生きるのではない。
生きるために食べるのである。

ソクラテス
古代ギリシアの哲学者

老兵は死なず、
ただ消え去るのみ。

ダグラス・マッカーサー
アメリカの軍人

朝鮮戦争への対応をめぐって、時の大統領と対立して解任されたマッカーサー元帥が、引退演説の最後で述べた言葉。人生のさまざまな局面で迎える引き際。潔く、美しくありたいものだ。

「心の窓」はいつでも
できるだけ数をたくさんに、
そうしてできるだけ
広く開けておきたいものだ。

寺田寅彦
物理学者、随筆家、俳人

自由には
義務という保証人が必要だ。
それがなければ、
単なるわがままとなる。

イワン・ツルゲーネフ
ロシアの作家

人は、不幸のときは
一を十にも思い、
幸福のときは
当たり前のように
それに馴れて、
十を一のように思います。

瀬戸内寂聴　作家、天台宗の尼僧

寺田寅彦（てらだ・とらひこ）　東京大学の実験物理学の教授となるが、夏目漱石に師事して俳句・写生文を発表。自然科学の知識をもとにした、理知と抒情を合わせた独自の作風で知られる。

真の献身と愛を世界に伝える

ランプの灯を灯し続けるには、たえず油を注がねばならない。

マザー・テレサ
カトリック教会の聖人、修道女（ノーベル平和賞）

国や民族の壁を越え、弱者救済に尽くしたマザー・テレサ。この言葉は、ある孤独な老人を訪ねたときのものだ。老人の部屋でテレサはホコリまみれの美しいランプを見つけた。「どうしてこれをつけないの？」「誰も会いに来ないので必要ない」、「シスターたちが訪ねたらつける？」「人の声が聞こえたらつけるよ」。その後、老人からテレサに伝言があった。「あなたのつけてくれたランプは今でも燃え続けています」と。

テレサは「こういう人たちと私たちは知り合わねばならない」という。求められているのは手をさしのべてくれる他人、愛してくれる心。「物ではない。お金以外のものをあげて欲しいのです」ともいう。

望むことと生きることは別々だから、望みが叶わなくても、意気消沈することなかれです。肝心なことは、望んだり生きたりすることに飽きないこと。

品川宿の夢屋の頭・雲《くも》のセリフ
漫画『浮浪雲《はぐれぐも》』ジョージ秋山（小学館）

人は、人生が公平でないことを悟れるくらいに成長しなくてはならない。そしてただ、自分の置かれた状況のなかで最善をつくすべきだ。

スティーヴン・ホーキング
イギリスの理論物理学者

よくつきつめてみると、人間ってものはみんな、自分のゆく道を捜して、一生迷いあるく迷子なんじゃないだろうか。

山本周五郎　作家／『へちまの木』(『ちいさこべ』新潮文庫)

あらゆる生あるものの目指すところは死である。

ジークムント・フロイト　オーストリアの精神分析学者、精神科医

食いたければ食い、寝たければ寝る、怒るときは一生懸命に怒り、泣くときは絶体絶命に泣く。

夏目漱石　作家、評論家、英文学者／『吾輩は猫である』

年老いた者が賢いとは限らず、年長者が正しいことを悟るとは限らない。

旧約聖書　『旧約聖書 ヨブ記』(岩波文庫)

「許すことはできるが忘れることはできない」というのは、結局「許すことはできない」というのと同じことだ。取り消した契約書は二つにちぎって焼き捨てられ、もはや永久に人の目に触れることはない。人を許す態度もこうあるべきだ。

ヘンリー・ウォード・ビーチャー　アメリカの牧師、社会改革者、演説家

人間にとって最高の幸福は、一年の終わりにおける自己を、その一年の始めよりも、はるかに良くなったと感ずることである。

レフ・トルストイ　ロシアの作家、思想家

スティーヴン・ホーキング　ブラックホールの特異点定理を発表するなど、「量子宇宙論」という分野を築いた人物。一般向けにわかりやすく、理論的宇宙論を解説する才能でも知られる。

握ったコブシを開けば、
怒りも消える。

アラン
フランスの作家、詩人、哲学者

柔能く、剛を制す。
剛能く、柔を断つ。

嘉納治五郎
柔道家

中国の兵法書『三略』に由来する言葉で、有名な「柔能く、剛を制す」の部分だけをもって解釈されることが多いが、本来は、柔和な者でも剛直な者を制御することができるし、弱い者でも強い者を制御することができるという意味。つまり、柔と剛の両方を身につけることが大切というわけだ。

悪魔は我々を誘惑しない。
彼を誘惑するのは我々である。

ジョージ・エリオット
イギリスの作家

試合に〝負けた〟ことは一度もない。
ただ時間が足りなくなっただけだ。

マイケル・ジョーダン　元NBAプレーヤー

山は動かざれども、
海は常に動けり。
動かざるのは眠の如く、
死の如し。
しかも海は動けり。
常に動けり。
これ不断の覚醒なり。
不朽の自由なり。

石川啄木
歌人／『函館の歌』

「大海《だいかい》にむかひて一人　七八日《ななようか》　泣きなむとすと　家を出《い》でにき」。大海に向かって何日も泣き続けたいと思いながら家を出た啄木は、青森から函館に渡る船の中で記した日記にこの言葉を綴った。雄大な大海原を前に涙はなく、心が解放されたようだ。

変化は人生の法則だ。
過去または現在しか見ない人は
確実に未来を見失う。

ジョン・F・ケネディ
アメリカの第35代大統領

人生とは、
今日一日のことである。

デール・カーネギー
アメリカの教育者、自己啓発作家

幸福は、
己れ自ら作るものであって、
それ以外の幸福はない。

レフ・トルストイ
ロシアの作家、思想家

なぜ人々は、たくさんある人生を無視して、ひとつの型にはまった人生を評価するのでしょうか？

ヘンリー・デイヴィッド・ソロー
アメリカの作家、思想家、詩人、博物学者／『ウォールデン 森の生活』（岩波文庫）

人間は常に時間が足りないとこぼしながら、まるで時間が無限にあるかのように振る舞う。

ルキウス・アンナエウス・セネカ
ローマ帝国の政治家、哲学者、詩人

人生とは自分を探すことではない。人生とは自分を作り出すことだ。

バーナード・ショー　アイルランドの作家（ノーベル文学賞）、政治家、教育家

器用さと稽古と好きとそのうちで好きこそものの上手なりけれ

千利休
茶人

幸福な人には、時は打たない

ドイツのことわざ

幸福を感じている人にとっては、時間は気がつかないうちに過ぎてしまう。仕事でも夢中になっていると、時間が経つのは早い。なんでも熱中して行うのが、楽しく生きることの極意だろう。

転職をくり返し自己を磨く

七度主君を変えねば武士とは言えぬ。

藤堂高虎
戦国武将／『藤堂家文書』

徳川家康のブレーンとなり、津藩の藩祖となった謀将。「二君に仕えず」という武士道徳が生まれたのは江戸時代以降で、戦国時代の武士は〝転職〟が当たり前だった。高虎も「主が悪ければ家来は暇をとって当然」と、七度主家を変えた。結果、築城名人になるなどキャリアアップし、家康に重宝されることになったわけだ。

嘉納治五郎（かのう・じごろう）　柔術のさまざまな流派を集大成させた近代柔道を創始し、講道館を設立。体育教育の発展にも貢献し、国際オリンピック委員会の日本の初代委員を務めた。

不快な騒音も、
遠く離れて聞けば
音楽かと思われる。

ヘンリー・デイヴィッド・ソロー
アメリカの作家、思想家、詩人、博物学者

世の中に
若さほど尊いものはない。
若さは金と同じだ。
金と若さは
すべてのことを可能にする。

マクシム・ゴーリキー
ロシアの作家

自分が
わずかなことしか知らない
ということを知るために、
多くのことを知る必要がある。

ミシェル・ド・モンテーニュ
フランスの哲学者、思想家

あれが僕たちの探している青い鳥なんだ。
僕たちは、ずいぶん遠くまで探しに行ったけど、
本当はいつもここにいたんだ。

モーリス・メーテルリンク　ベルギーの詩人、劇作家、随筆家／『青い鳥』

死のない生とは何か？
死がなければ、
生を重んじる者は
いないだろう。

ボスハルト
スイスの作家／『日記』

下らなく過ごしても一生、
苦しんで過ごしても一生だ。
苦しんで生々と暮らすべきだ。

志賀直哉
作家／『らくがき三つ』（岩波文庫）

いい風に吹かれたいですよ。
きつい風にばかり
吹かれていると、
人に優しくなれないんです。

高倉 健
俳優

自分を元気づける
一番の方法は、
誰かほかの人を
元気づけることだ。

マーク・トウェイン
アメリカの作家／『トム・ソーヤの冒険』

青いお空の底ふかく、
海の小石のそのように、
夜がくるまで沈んでる、
昼のお星は眼にみえぬ。
見えぬけれどもあるんだよ、
見えぬものでもあるんだよ。

金子みすゞ　童謡詩人／『星とたんぽぽ』

完全であろうと
すればするほど、
人生は狭くなるんです。

金盛浦子
セラピスト、臨床心理士／『大丈夫！』（サンマーク出版）

変わるというのは、
何ひとつ変わらないように
見えていて、
いつか気がつくと
大きく変わっていくこと。

長田　弘
詩人／NHK『視点・論点――冬の桜』

成功したから
満足しているのではない。
満足していたからこそ
成功したのだ。

アラン
フランスの作家、詩人、哲学者／『幸福論』

この世に「雑用」という用はありません。私たちが用を雑にしたときに、雑用が生まれます。

渡辺和子　教育者

人間は死を恐れる。
ちょうど子供が
暗闇を恐れるように。
そして子供のうちのこの恐れが
いろいろな物語によって
大きくなるのと同じように、
死への恐れも大きくなる。

フランシス・ベーコン
イギリスの哲学者、神学者、法学者

足ることを知って、
及ばぬことを思うな。

楠木正成
南北朝時代の武将／『楠公家訓』

感傷はたいていの場合、
マンネリズムに陥っている。

三木　清
哲学者／『人生論ノート』（新潮社）

余暇をどう使うかというのは、人格を試すテストである。

エルバート・ハバード
アメリカの思想家、作家、教育者

人生は学校である。そこでは幸福より不幸のほうが良い教師である。

フリーチェ
ロシアの文学者

相場に生きた先人の実践的教訓

「もうはまだなり、まだはもうなり」
「見切り千両」
「天井三日　底百日」

相場に関する格言

人生は奇蹟《ミラクル》ではない、軌跡《ローカス》である。

種田山頭火
俳人／随筆『砕けた瓦（或る男の手帳から）』

幸福は、己れ自ら作るものであって、それ以外の幸福はない。

レフ・トルストイ
ロシアの作家、思想家

日本の相場の歴史は江戸時代中期に大坂・堂島《どうじま》の米相場から始まった。相場格言には、人生、仕事にも通じる先人の知恵が詰まっている。「もうはまだなり」は独りよがりな判断を戒めるもの。底だと思ってもまだ下値があるかもしれない、まだ下がると思っても底かもしれない。「見切り千両」は買った株が意に反して下落した場合、素直に失敗を認め、さっさと損切れという意味。未練たらしく持ち続けたら大損する。見切りには千両の価値があるのだ。サンクコスト（埋没費用）の考え方にも通じる。「天井三日」は高値の期間は短く、安値は長く続くという意味。ゆえに売りチャンスは一瞬だが、買いチャンスは随所にある。

人に高下《こうげ》なし、心に高下あり。

作者不明

フランスの詩人・ボードレール作という説もあるが不明。人間というものは、身分や生まれによって、その価値が決まるのではない。その人の心のありようによって、尊い人かそうでないかが決まるのである。他人から尊敬され、豊かな人生を送るには、見た目に気を使うのも大切だが、それ以上に内面磨きを心がけたい。

種田山頭火（たねだ・さんとうか）　生家の破産などの不幸をきっかけに出家し、各地を遍歴しながら、定形にとらわれない自由律俳句を残す。生涯、放浪し続けた生き方も注目された。

子ども叱るな来た道だもの、
年寄り笑うな行く道だもの、
来た道行く道ふたり旅、
これから通る今日の道、
通り直しのできぬ道。

妙好人《みょうこうにん》　浄土教の篤信者のこと

ムリが可能性を伸ばす。
ムラが刺激を与える。
ムダが豊かさを与える。

中谷彰宏
作家、俳優、実業家

きっぱりNOと言うことは、
人生を楽にしてくれる
方法なんです。

大島 渚
映画監督

勤勉な馬鹿ほど、
はた迷惑なものはない。

ホルスト・ガイヤー
ドイツ人の精神科医／『人生論』

人間だけが
赤面できる動物である。
あるいは、そうする必要のある
動物である。

マーク・トウェイン
アメリカの作家／『間抜けウィルソン』

喜ぶべき心を抑えて
喜ばせざるは、煩悩の所為なり。
しかるに仏かねて知ろしめして、
煩悩具足の凡夫と
仰せられたることなれば、
他力の悲願は、
かくのごときの
我らがためなりけりと知られて、
いよいよ頼もしく覚ゆるなり。

親鸞
鎌倉時代の僧、浄土真宗の宗祖／『歎異抄』

喜ぶべきところで喜べないのは、煩悩のせいである。それを阿弥陀仏はご承知だからこそ、煩悩だらけの人間を助けると仰せなのだから。他力の本願は、そんな私たちのためであったと知れば、いよいよ頼もしく感じる。親鸞の開いた浄土真宗は、自らの修行の功徳によって悟りを開くのではなく、阿弥陀仏の本願によって救済される「他力本願」を説いている。心の安寧のためには、ときに自力ではなく救いを待つのも、人生には必要かもしれない。

社会の中で
われわれが属している最小単位、
すなわち家族を愛することが
社会全体を愛するための
第一歩である。

サミュエル・スマイルズ
イギリスの作家、医師／『自助論』(三笠書房)

人間は
その不幸が人目を引けば、
それで半分は慰められる。

デュクロ
フランスの作家／「断片」

人生で何よりも難しいのは、
嘘をつかずに生きることだ。
そして、自分自身の嘘を
信じないことだ。

フョードル・ドストエフスキー
ロシアの作家、思想家／『悪霊』

永遠に生きるつもりで夢を抱き、今日死ぬつもりで生きろ。

ジェームズ・ディーン　アメリカの俳優

夢への道を作れるのは自分自身

ぼくには君の目を
醒ますことはできない。
君にならば、君の目を
醒ますことができるんだ。
ぼくには君の傷を
治せない。君になら
君の傷を治せるんだ。

ジョン・レノン
ミュージシャン／『ジョン・レノン
Playboyインタビュー』集英社

ビートルズのリーダー、ジョン・レノンが、40歳で射殺される直前に行われたインタビューで発した言葉だ。人が抱く夢について「自分の夢は自分で作るもの」と語る。さまざまな偉人が夢への道を示すが、結局その道を作れるのは「自分自身」と強調する。それを理解すれば「順調な航海が待っている」とも。

ジェームズ・ディーン　映画『エデンの東』で認められ、『理由なき反抗』で世界的スターに。絶頂期の24歳で事故死したこともあり、今も若者の象徴として影響を与え続けている。

名高い山頂まで電車で運ばれた人は、登山家と同じ太陽を見ることはできない。

アラン　フランスの作家／『幸福論』

苦は楽の種、楽は苦の種と知るべし。

水戸光圀《みつくに》
水戸藩主／壁書

仕事に幸せを見いだすことだ。そうしなければ、幸せとは何か、けっしてわからないだろう。

エルバート・ハバード
アメリカの思想家、作家、教育者

期待値がゼロまで下がれば、自分に今あるものすべてに間違いなく感謝の念が湧く。

スティーヴン・ホーキング
イギリスの理論物理学者

家庭生活への依存は、人間をいっそう道徳的にするが、功名心や窮乏に強いられる依存は、われわれの品位をさげる。

アレクサンドル・プーシキン
ロシアの作家、詩人／『書簡』

遠くにいると恐怖を感じるが、近くに迫ると、それほどでもない。

ラ・フォンテーヌ
フランスの詩人

自分磨きも遊びも永遠に

休んだら、錆《さ》びつく。

ヘレン・ヘイズ　アメリカの女優

ヘレン・ヘイズは、1931年に『マデロンの悲劇』でアカデミー主演女優賞を受賞、1970年の『大空港』では同助演女優賞を獲得。92歳で没するが、子役時代も含め、ほぼ一世紀にわたり活躍した息の長い女優だった。トップスターの座を守り続けた秘訣がこれ。「年をとったから遊ばなくなるのではありません。遊ばなくなったから年をとるのです」の名言も有名だ。魅力を永遠にするには、努力も永遠に必要なのだ。

立派な人間になるためのひとつの条件は、自分が心から尊敬できる人を持つことだろう。

井深 大
ソニー創業者

時のすぎるのが早いか遅いか、それに気づくこともないような時期に、人はとりわけて幸福なのである。

イワン・ツルゲーネフ
ロシアの作家／『父と子』(岩波文庫)

不便が不幸だとは限らない。

斎藤茂太
精神科医、著述家

古人の跡を求めず、古人の求めたるところを求めよ。

松尾芭蕉
俳人／『許六離別詞』

孔子が「師の跡を求めず、師の求めたるところを求めよ」と言ったというのは誤りで、空海の『性霊集』に似た一文がある。先人の業績、抜け殻を求めるのではなく、先人が求めたもの、目指したもの、本質を見よと述べている。

これでおしまい。

勝 海舟
幕末の御家人・旗本

江戸城の無血開城を成し遂げた勝は、周囲に見込まれ、新政府でも役職を得た。しかし、本当は引退してのんびり過ごしたいと考えていたようだ。これは最期の言葉で、この世になんの未練もない、清々しささえ感じられる。

私たちの一生はしょせん、中途半端なまま終わっていく。それでいいのだ。

植西《うえにし》 聰《あきら》
心理カウンセラー／『スッと気持ちが楽になる言葉』(河出書房新社)

老後は、若きときより月日の早きこと十倍なれば、一日を十日とし、十日を百日とし、一月を一年とし、喜楽して、あだに日を暮らすべからず。

貝原益軒
江戸時代の本草学者／『養生訓』

アレクサンドル・プーシキン　ロシアの貴族の家に生まれ、学生時代から才能を認められた。国民性、思想性、現実性に貫かれた文学を創造し続け、ロシアのリアリズム文学の確立者と評される。

最大の危険は、目標が高すぎて、達成できないことではない。目標が低すぎて、その低い目標を、達成してしまうことだ。

ミケランジェロ　イタリアの彫刻家

まず他人を許してからでないと本当に自分を許すことはできません。

ジョセフ・マーフィー
アメリカの教育家、自己啓発作家、牧師

「旅」にはたったひとつしかない。自分自身の中へ行くこと。

ライナー・マリア・リルケ
プラハ生まれのドイツ語詩人、作家

人間にとってもっとも悲しむべきことは、病気でも貧乏でもない。自分はこの世に不要な人間なのだと思い込むことだ。

マザー・テレサ
カトリック教会の聖人、修道女（ノーベル平和賞）／『マザーテレサあふれる愛』（講談社）

一本のろうそくから何千本ものろうそくに火をつけることができる。それで最初のろうそくの寿命が短くなることはない。幸福は、分かち合うことで決して減らない。

ブッダ（釈迦）
仏教の開祖

名言のない時代は不幸だが、
名言を必要とする時代は
もっと不幸だ。

ベルトルト・ブレヒト
ドイツの劇作家

一日一日が小さな一生なのだ。
毎日毎日の起床が小さな出生、
毎朝毎朝のすがすがしい時が
小さな青春、
毎夜の臥床就寝が
小さな死なのである。

アルトゥル・ショーペンハウアー
ドイツの哲学者

夢なき者に理想なし、理想なき者に計画なし、
計画なき者に実行なし、実行なき者に成功なし。
故に、夢なき者に成功なし。

吉田松陰　幕末の思想家、長州藩士

知識とは覚えるものではない

知識はすぐに得られるが、
知恵を身につけるには
時間がかかる。

アルフレッド・テニスン
イギリスの詩人

ヴィクトリア朝を代表する存在で、代表作『イノック・アーデン』など、静的で整然とした詩風で知られ、「桂冠詩人」という人間国宝的称号を持つ。彼は、知識とは暗記すればいいようなものでなく、己の血と肉にするものだという。しかし、それには時間がかかり、年齢を重ねてようやく理解できる真理もある。焦ることはない。

ライナー・マリア・リルケ　初めは甘美な旋律を持つ恋愛叙情詩を多く発表したが、ロシア滞在やロダンとの交流で、浅はかな叙情を捨て、対象を言葉によって内側から形作る作風に変化する。

明日はもっとよくしようって毎日思っている。
時々ガックリする出来事もあるけど、毎日そう思っていると、
本当に明日や明後日がよくなるって信じているの。

フジ子・ヘミング　ピアニスト／『フジ子・ヘミングの魂のことば』（清流出版）

悪から切り離されて
自立した正義などは存在せぬ。

寺山修司
劇作家、詩人／『書を捨てよ。町へ出よう』

悪という概念があって、初めて正義というものが存在する。物事の善し悪しは、両方の視点から考えてこそ、その本質が見えてくるのかもしれない。

一日一生。
一日は貴い一生である。
これを空費してはならない。

内村鑑三
思想家／『一日一生』

ならぬことはならぬものです。

会津藩「什《じゅう》の掟」

悪い命令であることを
知りながら、それを甘んじて
受け入れる人は、
悪い命令の甘受を
勧めることになる。
不正の存在を前に沈黙する人は、
まさしく不正の共犯者に
ほかならない。

ジョン・ラスキン
イギリスの美術評論家、社会思想家

足ることを　知る心こそ　宝船
世をやすやすと　渡るなりけり

脇坂義堂
江戸後期の心学者

現状に満足することを覚えることこそ、お金や財宝にまさる何よりの宝であり、世の中を上手に渡り歩くコツである。

疲れちょると
思案がどうしても滅入る。
よう寝足ると
猛然と自信がわく。

坂本龍馬
幕末の志士

思い出というものは、
人を楽しませるものではあるが、
時には人を
寂しがらせないでもない。
精神の糸に、過ぎ去った
寂寞の時をつないでおいたとて、
何になろう。

魯迅《ろじん》
中国の作家、思想家／『吶喊《とっかん》』（『阿Q正伝・狂人日記 他』岩波文庫）
あなたが困った状態にあるとき、
もっと困った状態にある
人のために祈りなさい。
そうすると、あなたは突如として
自分自身の問題が
解決していることに気づくでしょう。

ジョセフ・マーフィー　アメリカの教育家、自己啓発作家、牧師

見方を変えれば苦しみも楽に

**倹約の仕方は
不自由なるを
忍ぶにあり、
この世に
客に来たと思へば
何の苦しみもなし。**

伊達政宗
戦国武将、仙台藩の初代藩主／『五常訓』
〝独眼竜〟の異名がある仙台藩祖・伊達政宗が遺した『五常訓』（仙台黄門政宗卿遺訓）という遺訓の一部だ。特に「この世に客に来たと思えば」の一句には、生きる苦しみを楽にする効用がある。ただ『五常訓』には偽書という説もある。明治時代中期の『好古叢誌《こうこそうし》』に出所不明で記されたのが初出で、現在では水戸光圀、林子平《しへい》の遺訓を合わせた、何者かの作文とみる説が有力だ。ただ、政宗が優れた知見と高い教養の持ち主だったことは確かだ。子や家臣へ倹約を求める手紙を書いたり、「馬上少年過ぐ　世平らかにして白髪多し」（馬を馳せた青春は過ぎ去り、天下は太平、私の髪は白くなった）という美文を遺している。

魯迅（ろじん）　日本に留学し医師を志すが、帰国後、革命運動に参加。文学の重要性を感じ、『狂人日記』『阿Q正伝』など多くの小説、随筆、評論を発表。中国近代文学の祖と称される。

時は流れる川である。
流水に逆らわずに
運ばれる者は幸せである。

クリストファー・モーリー　アメリカの作家、ジャーナリスト

役に立つ物が増え過ぎると、
役に立たない者が増え過ぎる。

カール・マルクス
哲学者、思想家、経済学者、革命家

耐えよ、運命はうつろうもの。
潮の流れのままに行け、
運命に流されて行け。
命の船の舳先を大波に向けず、
定めの風の吹くままに
航海するのだ。

エウリピデス
古代ギリシアの詩人／『トローアデス』

人間は
無用な知識が増えることで
快感を感じることができる
唯一の動物である。

アイザック・アシモフ
アメリカの作家、生化学者

人生が困難なのではない、
あなたが人生を
困難にしているのだ。
人生は極めてシンプルである。

アルフレッド・アドラー
オーストリア出身の心理学者

人間の運命は人間の手中にある。

ジャン・ポール・サルトル
フランスの哲学者、作家

私たちは、
不必要なものだけが
必需品である
時代に生きている。

オスカー・ワイルド
アイルランド出身の作家

産業革命真っ直中の19世紀末のイギリス。利便性を追求した結果、不必要な情報や物に溢れ、不必要なストレスを抱え込むようになった。シンプルな生き方こそ、真の豊かさかもしれない。

天衣無縫でも愛される人生

貧乏ってのは
するもんじゃねえ。
たしなむもんです。

古今亭志ん生
落語家

昭和落語を代表する人物で、酔って高座に上がるなど天衣無縫ぶりが有名だが、噺《はなし》の途中で寝てしまい前座が起こそうとしたら、客が「寝かしといてやれ」といったほど愛されてもいた。青年時代は貧乏長屋で暮らし、「東京のなめくじがみんな集まる」ほどだった。そんな貧乏を教養のように語った志ん生。心憎いしゃれっ気があった。

アイザック・アシモフ　日本ではSF作家として知られるが、500冊以上の著書があり、そのジャンルは科学、言語、歴史など多岐にわたる。生化学者でボストン大学の教授も務めた。

孤独とはその人の生命が
要求するものである。
つまり、人が生きていくには、
孤独な時間が必要である。

キルケゴール
デンマークの哲学者、宗教思想家／『死に至る病』

安全運転は
乗り物には必要不可欠だが、
人生には必要ない。

櫻井秀勲《ひでのり》
評論家、編集者

我々はみな
真理のために闘っている。
だから孤独なのだ。
寂しいのだ。しかし、
だから強くなれるのだ。

ヘンリック・イプセン
ノルウェーの劇作家

蓄財のプロが語る金儲けのコツ

お金の管理に
長けた人は、
1ドルを
節約するほうが、
1ドル余分に
稼ぐことに比べて
どれだけ簡単かを
本能的に知っています。

ロバート・G・アレン
アメリカの投資家

G・アレンは不動産投資での成功が知られる財テクの専門家。お金持ちとなるためには「お金の価値を知る」「コントロールする（収支の管理を行う）」「蓄える（節約する）」の3つの基本スキルが大切だという。お金の価値を知る人は、お金が富を生むことを知る人でもあり、決して無駄遣いはしないのだ。

この世でいちばん哀れな人は、
目は見えても、
未来への夢が
見えていない人だ。

ヘレン・ケラー　アメリカの教育者、作家

時の歩みには三通りある。
未来はためらいながら近づき、
現在は矢のように飛び去り、
過去は永遠に静止している。

フリードリヒ・フォン・シラー　ドイツの詩人、歴史学者、思想家、劇作家／『諦観』

毎日掃いても落葉がたまる。
これが取りも直さず
人生である。

田山花袋《かたい》
作家／『田舎教師』

人間は夢を持ち
前へ歩き続ける限り、
余生はいらない。

伊能忠敬
江戸時代の測量家、商人

ある程度孤独を愛することは、
静かな精神の発達のためにも、
また、真実の幸福のためにも、
絶対に必要である。

カール・ヒルティ
スイスの哲学者、法学者

それでも地球は動いている。

ガリレオ・ガリレイ
イタリアの物理学者、天文学者、哲学者

点と点の繋がりは予測できません。
あとで振り返って、
点の繋がりに気付くのです。
今やっていることが
どこかに繋がると信じてください。

スティーブ・ジョブズ　アップル社の共同設立者、実業家、作家、教育者

ガリレオ・ガリレイ　ニュートンやコペルニクスと並ぶ科学革命の先駆者で、「天文学の父」とも呼ばれる。振り子時計や落体の法則の発見のほか、天体観測に望遠鏡を用いた人物のひとり。

じゃあ秘密を教えるよ。
とてもかんたんなことだ。
ものごとはね、
心で見なくては
よく見えない。
いちばんたいせつなことは、
目に見えない。

サン=テグジュペリ
フランスの作家、飛行士／『星の王子さま』

「負」の極限状況でも、人間は生きられる

人間とは、いかなることにも馴れる動物である。

フョードル・ドストエフスキー
ロシアの作家、思想家／『死の家の記録』

『罪と罰』などで知られるロシア文学の巨匠。彼が人生を左右する悲運に見舞われたのは、新進作家として売り出していた28歳のときである。ある政治サークルに入っていた罪で捕縛され、死刑判決を受けたのだ。

彼を含むサークル員は死に装束を着せられ、処刑場に引き出された。兵たちが銃を構えたその瞬間、刑は突然取りやめとなる。特赦令を携えた皇帝の使者が現れたのだ。すべては政府が仕組んだ悪趣味な芝居だったが、ドストエフスキーらにとってはまさに死の体験だった。のちに彼は「どんなに私は生きたいと思ったか！」「どんなに生命が尊く思われたか！」と回想している。

改めて懲役4年と刑期終了後の兵卒勤務の判決が下り、一同は極寒のシベリア・オムスク監獄に送られた。それから丸4年、頭髪を剃られ、足かせをはめられ、他の一般囚人30人と一部屋で共同生活を送った。釈放後、41歳で書いた『死の家の記録』はその獄中の体験を綴った小説だ。

悪質な環境、屈辱を背負った他の囚人たちの悪意。そんな〝死の家〟を主人公は嫌悪する。だが、やがて「それでも人間は生きられる」ことに気づき、「人間のもっとも適切な定義」としてこの言葉を吐くのだ。

また主人公は囚人たちのバイタリティにも驚く。内緒で内職をして金を稼ぎ、酒や煙草、肉を求める男たち。どんな場所でも人間は生きる自由を失おうとしない。根源的な命の力、実存的な自由。それらは後年の彼の作品の大きなテーマとなった。

コラム
INDEX

第1章

第2章

第7章

編集　石川夏子（グレイル）
執筆　吉田龍司、グレイル
デザイン　清水真理子（TYPE FACE）
DTP　グレイル
写真提供　ピクスタ、フォトライブラリー、足成
校正　くすのき舎

人生を動かす　賢者の名言

編　者　池田書店編集部
発行者　池田士文
印刷所　図書印刷株式会社
製本所　図書印刷株式会社
発行所　株式会社池田書店
〒162-0851 東京都新宿区弁天町43番地
電話03-3267-6821（代）／振替00120-9-60072

落丁・乱丁はお取り替えいたします。

ISBN978-4-262-17465-5

1801202